Hans Conrad Zander

Warum es so schwierig ist,
in die Hölle zu kommen

HANS CONRAD ZANDER

Warum es so schwierig ist, in die Hölle zu kommen

Himmlische Komödien aus der Geschichte der Religion

BONIFATIUS

Bibliografische Information der Deutschen Nationalbibliothek
Die Deutsche Nationalbibliothek verzeichnet diese Publikation in
der Deutschen Nationalbibliografie; detaillierte bibliografische
Daten sind im Internet über http://dnb.ddb.de abrufbar.

Covergestaltung: Weiss Werkstatt München,
www.werkstattmuenchen.com

Covermotiv: © gettyimages/ilbusca

ISBN 978-3-89710-890-5

Druck: cpi-print.de

Bonifatius GmbH Druck · Buch · Verlag Paderborn

Notiz des Herausgebers

Nicht wenige Bücher von Hans Conrad Zander habe ich begleitet. Doch keines scheint mir so dringend nötig wie dieses. Denn es gibt auch in der Religion so etwas wie Stimmung. Die katholische Stimmung aber ist derzeit so schlecht wie nie zuvor. Hans Conrad Zander hält dem ein katholisches Selbstverständnis entgegen, das nach dem Vorbild Dantes die Religion als Divina Commedia versteht, als ein Schauspiel von hinreißendem, ja göttlichem Unterhaltungswert. Um einem Irrtum vorzubeugen: Zanders gute Laune entspringt nicht etwa der vielstrapazierten „Fröhlichkeit im Herrn", sondern im Gegenteil einer „selbstironischen Katholizität", die sich die jüdische Selbstironie zum Vorbild nimmt. Von den dreißig Geschichten zur Geschichte der Religion, die dieses Buch vorstellt, sind fünfzehn dem vergriffenen Band „Warum waren die Mönche so dick?" entnommen und sorgfältig überarbeitet. Zu diesen klassischen Geschichten hinzugefügt sind fünfzehn neue, bisher ungedruckte Texte aus der WDR-Serie „Zeitzeichen".

Thomas Schmitz

Inhalt

Gregor der Große
und die ewige katholische Krise
Worin wir erfahren, wie die schlimmste
aller katholischen Krisen
in himmlischer Schönheit endete.

III. Himmlische Momente des katholischen Mittelalters

Bruder Franz und Schwester Armut
Worin wir lernen, unsere Vorurteile gegen
die Heilige Inquisition zu überwinden.

Johannes Calvin und Schwester Reichtum
Worin wir lernen, unsere Vorurteile gegen
die Schweiz abzubauen.

Rechnen konnte Luther nicht
Worin wir lernen, wie der Bettelmönch Martin
zum reichsten Mann von Wittenberg wurde.

Der Computer des heiligen Dominikus
Worin wir lernen, digital zu beten.

Wie der kleine Knabe Heinrich Seuse
ein großer Mystiker wurde.
Worin wir den himmlischen Patron der
LGBTX-Christ*innen lieben lernen.

Katharina von Siena und drei Päpste auf einmal
Worin wir der Versuchung widerstehen,
uns über empörte Jungfrauen zu empören.

I. Statt eines Vorworts
ein Wort vor dem Tor zur Hölle

Worin uns Dante die böse Überraschung beschert, dass es unendlich schwierig ist, in die Hölle zu kommen.

Kommt einer heute zu dir und behauptet, er habe Dante *gelesen*, die „Göttliche Komödie", Hölle, Fegfeuer, Himmel, alle drei Bände *gelesen*, dann glaub's ihm besser nicht. Nicht einmal mir brauchst du das zu glauben. Dabei steht die „Göttliche Komödie" seit mehr als fünfzig Jahren unmittelbar neben meinem Schreibtisch. Und wie viel habe ich schon geschrieben über dieses größte Meisterwerk der italienischen Literatur. Greife ich aber heute zu allen drei Bänden, so fällt mir etwas Bestürzendes auf. Hier zuerst Band I, das Inferno, der Umschlag längst zerrissen, der Schnitt abgegriffen und grau verschmutzt, auf allen Seiten Fingerspuren, das ganze Buch zerlesen. Jetzt aber Band III, das Paradiso, der Himmel: der Schnitt noch immer blütenweiß, Lesespuren kaum zu finden. Jeder Antiquar würde mein Exemplar von Dantes Himmel anbieten als „wie neu".

So geht es nicht nur mir, sondern fast allen. Selbst theologische Kommentare besprechen

Dantes Himmel nur lustlos kurz. Das Inferno dagegen hat sie alle fasziniert.

„Am Rande erst des schmerzenvollen Tales, das widerhallt von Klagen ohne Ende", fallen wir schon mit Dante vor Schreck in Ohnmacht, „den Geist von Schweiß gebadet". Wieder zu Sinnen kommen wir im zweiten Höllenschlund. Mit schrillen Schreien „Gottes Macht verfluchend" büßt hier in ewiger Qual die ruchloseste aller Frauen: die lüsterne Kleopatra (hundert Männer in einer Nacht). Ein rasender Orkan wirbelt sie herum, uns wirbelt er hinab in den dritten Höllenkreis, wo sich die schlimmen Schlemmer schlammbedeckt in einem ewigen Eisregen stöhnend wälzen.

Unerträgliches Gedränge aber herrscht im vierten Schmerzensschlund, wo jene büßen, die auf Erden dem Prinzip „Geiz ist geil" gehuldigt haben. Päpste, Kardinäle, Bischöfe, Mönche müssen wir hier in großer Zahl treffen.

Im fünften Höllenkreis büßen die Zornigen, in alle Ewigkeit „sich Stück um Stück zerfleischend mit den Zähnen".

Alles nur Vorspiel. Über das „Wasser des Grauens", den Höllenstrom Styx, fahren wir zum Tor der Inneren Hölle. Rot vom ewigen Feuer, das drinnen glüht, leuchten ihre gewaltigen Mauern. Tausend Teufel wachen auf ihren Zinnen. Und wer dort bewacht das Tor zur inneren Hölle? O Gott, es ist die Furie Medusa:

„Den blutgefärbten Leib umgürteten
Grasgrüne Wasserschlangen und ihr Haar
War gift´ge Natternbrut."
Medusas Blick allein genügt, um einen Mann zu
Stein erstarren zu lassen. Ein Engel Gottes muss uns
vor ihr schützen. Und weiter geht es abwärts in den
finsteren Trichter des sechsten Höllenschlundes,
wo in Flammengräbern, lodernd ewiglich, die Ketzer brennen.

Und jetzt, noch schauriger, der siebte Höllenkreis. Da brodelt die „riviera del sangue":

„Ein Strom von Blut, in dem gesotten werden,
Die mit Gewalt an andern sich vergangen."
Dann beginnt selbst Dante zu stöhnen:

„Di nuova pena mi convien far versi.
Von neuen Qualen muss ich dichten."
Von den skandalösen Päpsten muss er dichten, die
im achten Höllenkreis tief in Flammenlöchern ste-
cken.

Rasch eilen wir vorbei an all den Betrügern,
Schwindlern, Fälschern, die Oberteufel Malatesta,
einen nach dem andern, in siedendes Pech taucht,
und dann an riesigen Spießen brät.

Ganz anders ergeht es im neunten Höllenkreis jenen italienischen Politikern, die Dante aus Florenz
verjagt und zum heimatlos umherirrenden Flücht-
ling gemacht haben. In einem Eismeer sind sie bis
zum Schädel eingefroren.

Und immer kälter wird es, je weiter wir abwärts steigen, bis in den alleruntersten, den zehnten Höllenschlund. Da hockt im ewigen Eis, als tiefgefrorener Moloch, der Satan selbst. Aus dem Eis ragen nur seine drei Mäuler. Mit blutgemischtem Geifer zermalmen sie die drei schlimmsten Verräter der Menschheit: Brutus, Cassius und Judas.

Wie kommen wir hier jemals wieder raus? Raus aus der innersten Hölle? Dante hat die Erde keineswegs für eine Scheibe gehalten, sondern für eine Kugel. Durch einen Spalt, der von der Satanshölle hinaufführt zur südlichen, damals noch unerforschten Hälfte des Globus, steigt Dante, geführt von dem antiken Dichter Vergil, empor.

„Dann traten wir hinaus und sahn die Sterne.

E quindi uscimmo a riveder le stelle."

Dies ist, ganz leise, sotto voce, gesprochen, der schönste Vers der Göttlichen Komödie. Und es ist ihr wahrer Schluss. Zu Ende ist das höllische Abenteuer. Was kann jetzt noch kommen?

Es kommt Band II, das Purgatorio, der Berg der Läuterung für jene, die noch ein Weilchen büßen müssen, bevor sie aufsteigen dürfen in den Himmel. Kein deutsches „Fegefeuer" ist das. In sanften Pastellfarben malt Dante das Purgatorio, so langweilig wie die Empfangshalle eines amerikanischen First-Class-Hotels.

Und erst Band III: der Himmel! Da wird nur noch gesungen. Lauter Chöre reiner Jungfrauen singen himmlische Choräle. Singen ist gewiss schön. Aber immerdar nur singen, das ist so tödlich langweilig, dass es selbst Dantes Führerin im Himmel, die edle Beatrice, auf die Dauer nicht aushält. Wenn sie aber mit Singen innehält, dann fängt sie leider an zu predigen. Vor ihrem schmachtenden Bewunderer Dante hält sie unverständliche Predigten, mal über das Wesen des himmlischen Lichts, mal über die Natur der Engel. Welcher Leser sehnt sich da nicht in die Hölle, zu Kleopatra, zurück?

Es gilt jetzt, einen Verdacht auszuräumen. Dante Alighieri ist im Jahr 1265 geboren. Wenn dieser Italiener des 13. Jahrhunderts die Hölle so viel packender inszeniert als den Himmel, tut er dies etwa, um seine Zeitgenossen mit Höllenängsten der katholischen Kirche gefügig zu machen?

Diese Vermutung ist politisch korrekt, aber sachlich falsch. Wie so viele Katholiken damals und heute war Dante zwar katholisch, aber antiklerikal. In seiner Hölle winden sich Päpste, Bischöfe, Mönche ohne Zahl. Im ganzen Paradiso dagegen stoßen wir lediglich auf vier Päpste. Es sind die ersten Päpste nach Petrus, die noch als Märtyrer gestorben sind. Mit schlimmen Vorwürfen überschütten sie ihre späteren Nachfolger auf dem Stuhl Petri. Schlimmer noch wird es, wenn Dante einen Blick hinabwirft in das irdische Rom seiner Tage. Da erscheint ihm die katholische Kirche als nackte babylonische Hure. Poetische Propaganda für den machtlüsternen Klerus ist das nicht.

Drei Jahrhunderte nach Dante hat der größte protestantische Dichter gelebt: John Milton, der blinde englische Homer. „Paradise lost", „das verlorene Paradies", heißt sein grandioses Epos, das zumindest an Dramatik Dante übertrifft. Warum? Weil Milton dem Teufel nicht erst am Ende eines langen Abstiegs in die Hölle begegnet. Bei ihm fängt die Handlung zuallerunterst in der Hölle an. Und viel eindrucksvoller, viel achtenswerter als bei Dante ist in Miltons calvinistischem Gesang der Teufel. Ein kosmischer Revolutionär ist das, der furchtlos immer wieder aufsteht gegen „die Tyrannei des Himmels". Auf seinen schwarzen Schwingen trägt uns Miltons Satan durch ein chaotisch finsteres Universum von Abenteuer zu Abenteuer.

Doch dann kommt der Augenblick, in dem der Teufel die Regie über Miltons Geschichte verliert. Die Menschheit wird erlöst, und sofort sinkt das Epos ab in die Langeweile einer protestantischen Bibelstunde.

Noch mehr klassische Langeweile gefällig? Verglichen mit dem Satan bei Dante und bei Milton ist Goethes Mephisto eine fast harmlose Spielfigur. Und doch können wir es schon im „Prolog im Himmel" kaum erwarten, dass endlich

Mephisto auftritt und in den Tiefsinn teuflische Action bringt. Selbst in der zunehmenden Langeweile von Faust II sorgt er immer noch für Spannung. Etwa wenn er den vertrockneten Gelehrten Faust verkuppelt mit der ruchlos schönen Helena. Bis dann Faust, statt mit Mephisto vertragsgemäß zur Hölle zu fahren, an Gretchens frommen Rockschößen entschwebt in die ewige Langeweile des „Ewig-Weiblichen".

Keiner hat in unseren Tagen so leidenschaftlich gegen die Hölle gekämpft wie der katholische Theologe Herbert Vorgrimler aus Münster. Um dem gläubigen Volk den Teufelsglauben vollends auszutreiben, hat er ein Buch von fast fünfhundert Seiten geschrieben. Doch der dicke theologische Wälzer ist so spannend zu lesen wie ein Kriminalroman. Dann freilich, wohl aus Gründen der Symmetrie, hat Vorgrimler noch ein ähnlich dickes Buch über den Himmel geschrieben. Es ist ihm arg misslungen. Aus jeder Zeile spricht die Unlust, mit welcher selbst ein Theologe sich beim Gedanken an den Himmel quält. Woran das liegen mag?

Hat vielleicht Immanuel Kant recht mit seiner Vermutung, dass jeder Mensch, auf dem Grund seiner Seele, ein „radical Böses" in sich trägt? Hat der Apostel Paulus recht, wenn er im 2. Brief an die Thessalonicher die Macht des Bösen in uns beklagt? Eine wirkliche Erklärung findet der Apostel allerdings nicht. Sein verworrener Gedankengang erschöpft sich in der Rede vom „mysterium iniquitatis", vom „Geheimnis des Bösen". Gar viele Geheimnisse hat die Religion. Doch keines zieht offenbar so viele so geheimnisvoll an wie das „Geheimnis des Bösen".

Es ist jetzt Zeit für eine Warnung. So mancher hat ja schon geprahlt, er habe vor der Hölle keine Angst, wenn er denn müsse, wolle er da gern hinein. Da seien schließlich alle interessanten Leute. So ein Aufschneider beweist nur eines: dass er nicht einmal den Anfang von Dantes Inferno gelesen hat. Dort, noch vor dem Abstieg zu den Verdammten, hat Dante etwas erlebt, was an Beklemmung die Hölle übertrifft.

„In sternenloser Finsternis", unmittelbar vor dem Höllentor, treiben Menschen ohne Zahl jammervoll im Kreise, „wie Sand gejagt in einem Wirbelsturme". Das sind, schreibt Dante, „die lauen Seelen". Menschen, die sich im Leben nie für etwas eingesetzt haben, weder für das Gute, noch für das Böse. Immerzu waren sie nur darauf bedacht, sich zum eigenen Vorteil aus allem Streit der Welt schlau herauszuhalten. Jetzt, im Jenseits, irren die „lauen Seelen" ewig heimatlos herum. „Der Himmel", sagt Dante wörtlich, „will sich nicht mit ihnen schänden." Doch auch den Teufel ekelt's vor solchen Menschen so, dass er vor ihnen das Höllentor zuschlägt. Mit wilden Schmerzenslauten, bald gellend, bald heiser, betteln sie verzweifelt, vergeblich um Einlass.

Dies ist die Gefahr, die allzu viele Menschen verkennen: nicht, dass sie in die Hölle müssen, sondern, im Gegenteil, dass sie niemals hineindürfen in die Hölle.

Mein Rat an alle, die keine Chance haben, selber in die Hölle zu kommen: Lest Dante. Lest die „Göttliche Komödie". Aber nur den ersten Band. Nur das Inferno. Dreiunddreißig Gesänge voll höllischer Phantasie, jedoch gefasst in so himmlisch schöne Verse, wie sie kein anderer jemals schrieb:

„Lasciate ogni speranza – Trittst du hier ein, lass alle Hoffnung fahren!"

II. Himmlische Momente
der katholischen Antike

Wie die heilige Paula den Zölibat erfand

Worin wir den heiligen Hieronymus näher kennen lernen.

Ungeheuer war, anno 385, die Aufregung in Rom. Auf den Straßen tobten die Heiden, in den Kirchen tobten die Christen. Ganz Rom schien zu toben gegen einen einzigen Mann. Ich spreche seinen Namen mit Ehrfurcht aus: Eusebius Sophronius Hieronymus.

Der heilige Hieronymus gilt heute als der größte Gelehrte der späten Antike. Als „Kirchenvater" und als „Kirchenlehrer" verehren wir ihn. Als einer der größten Heiligen des Altertums wird er auf allen Altären der katholischen Welt gefeiert. Warum dann trat im August 385 eigens ein römisches Konzil zusammen, um einen so großen Heiligen mit Schimpf und Schande aus der Heiligen Stadt zu verbannen?

Das liegt daran, dass der heilige Hieronymus, mitten in Rom, eine Sache vertreten hat, die wenig Freunde kennt. Wenig Freunde unter den Heiden, wenig Freunde, ach, auch unter den Christen. Der heilige Hieronymus war ein leidenschaftlicher

Prediger der Keuschheit. In die Kirchengeschichte ist er eingegangen als Apostel des Zölibats.

Freilich wissen wir aus der feministischen Theologie, dass überall dort, wo ein Mann als Heiliger verehrt wird, das wirkliche Verdienst einer heiligen Frau zukommt, die zu Unrecht in seinem Schatten stand. Betrachten wir die römischen Kampfjahre des heiligen Hieronymus unter diesem feministischen Gesichtspunkt, so fällt etwas Verblüffendes auf: Im Schatten dieses großen Zölibatsapostels hat nicht etwa nur *eine* Frau gestanden, sondern eine ganze Frauen*bewegung.*

Die heilige Marcella und die heilige Lea, die heilige Albina und die heilige Principia, die heilige Blaesilla und die heilige Asella, die heilige Praetextata und die heilige Fabiola, die heilige Titiana und die heilige Furia – nicht irgendwelche Betschwestern waren das um den heiligen Hieronymus, sondern die reichsten, die mächtigsten, die gebildetsten Frauen von Rom. Doch keine war so reich, so mächtig, so gebildet wie die Frau, die im gemeinsamen Kampf für den Zölibat zu seiner Lebensgefährtin werden sollte. Das ist die heilige Paula.

Aus dem Geschlecht der Scipionen und der Gracchen stammte Paula. In dieser unerhört tapferen und intelligenten Frau, so urteilt Montalembert, hat sich der Geist der römischen Republik ein letztes Mal verkörpert. Was konnte eine Frau von solchem

Format, von solchem Reichtum bewegen, einen Keuschheitsprediger zu betreuen, einen Zölibatsapostel zu finanzieren?

Wer eine Antwort auf diese Frage sucht, der fahre nach Pompeji und schaue sich dort mit eigenen Augen in der späten Antike um. Sex von oben, Sex von unten, Sex von vorne, Sex von hinten, an allen Wänden nichts als Sex. Kitschiger Sex, ordinärer Sex – was auffällt, ist der schlechte Geschmack, die billige Aufdringlichkeit all dieser Fresken und Graffiti. Der berühmte „Phallus auf der Waage" zum Beispiel ist bestenfalls eine Illustration zur These des Erasmus von Rotterdam, dass der Penis das „dümmste aller Glieder" des Menschen sei.

Nicht an den Orgien eines Nero, nicht an den Ausschweifungen eines Caligula ist Rom zugrunde gegangen. Viel unerträglicher war jener banale sexuelle Alltag der späten Antike, wie er in Pompeji anschaulich erhalten ist: dieser geistlose Konformismus allgemeiner Sexgläubigkeit, diese grinsende Allgegenwart des Ordinären, diese spießige Normalität des Obszönen, für die britische Historiker den Begriff „lascivious rectitude" geprägt haben. Das heißt auf Deutsch „Geilheits-Konformismus".

Die meisten Frauen mussten sich das gefallen lassen. Aber nicht alle. Nicht die Frauen, die finanziell unabhängig waren. Das waren die unverheirateten Frauen mit Geld, vor allem die steinreichen

Witwen aus dem römischen Patriziat. Wie zum Beispiel Marcella und Paula.

Maßlos war die Erbitterung dieser Frauen aus den großen alten republikanischen Familien. Der Niedergang Roms in der politischen Diktatur und im Konformismus der Sexgläubigkeit, in ihren Augen war es ein und dasselbe. Rom war verkommen zur „cloaca maxima". Und es gab keine Rückkehr zur alten römischen Familienordnung. Es gab nur den großen Sprung nach vorn. Ins Christentum. In die Keuschheit.

Simone de Beauvoir hat einmal gesagt, für die moderne Frauenbewegung gebe es in der Vergangenheit kein anderes Vorbild als die reichen Frauen. Nur reiche Frauen nämlich konnten sich, früher schon, die Selbstbestimmung *leisten.* Im Palast der heiligen Marcella auf dem Aventin, im römischen Stadt-Salon der heiligen Paula beginnt die Emanzipationsbewegung des 4. Jahrhunderts, die Frauenbewegung für Keuschheit und Zölibat.

Was die reichen Witwen vormachten, das machten bald die reichen Töchter nach. Bei den Christen waren sie, wenn sie das Gelübde der Jungfräulichkeit ablegten, hochgeachtet. Gleichzeitig behielten sie, weil keinem Manne untertan, die Verfügung über ihr Geld.

Die kleine Schar der Männer, die mit diesen Frauen gemeinsame Sache machten, war von anderem Schlag. In heutige Begriffe übertragen war der heilige Hieronymus der führende Kopf unter den römischen Linksintellektuellen.

Was ist ein Linksintellektueller? Das ist ein Mann, der mit allen andern Streit hat, weil er gegen das Böse kämpft, an dem die andern schuld sind. Bös ist zum Beispiel die Umweltverschmutzung. Im 4. Jahrhundert gab es leider noch keine Umweltverschmutzung. Was ein rechter Linksintellektueller war, der kämpfte, ersatzweise, gegen die moralische Umweltverschmutzung und machte, wie der heilige Hieronymus, als Keuschheitsapostel intellektuelle Karriere.

Es war ein kleiner Unterschied zwischen der heiligen Paula und dem heiligen Hieronymus, wenn sie ihn in ihrem eleganten römischen Salon empfing: *Sie*, die hochgebildete, reiche Erbin Scipios, *er*, der intellektuelle Emporkömmling aus der dalmatinischen Provinz, von so obskurer Herkunft, dass die Angaben über seine Geburt um fünfzehn Jahre auseinanderklaffen. *Sie* war die römische domina, die hohe Lady, die *ihm* ihr Ohr gnädig neigte, die ihn förderte, ihn zum großen Keuschheitsapostel aufbaute. Und der es doch im Jahr 385 nicht gelang, ihn vor den empörten Machos zu schützen und seine Abschiebung aus Rom zu verhindern.

Was jetzt beginnt, ist eines der klassischen Motive der abendländischen Malerei: Hieronymus ganz allein im Exil zu Bethlehem. Hieronymus der Einsiedler, versunken ins Studium und ins Gebet. „Hieronymus im Gehäuse", so haben sich das die Maler später vorgestellt. So hatte sich das wohl auch der heilige Hieronymus selber vorgestellt, als er aus Rom nach Bethlehem floh. Doch er hatte, nicht ganz zufällig, seine zölibatäre Rechnung ohne die Frauen gemacht.

Während sich nämlich der heilige Hieronymus in seinem Gehäuse in Bethlehem gemütlich einrichtete, froh, den ganzen Tag Zeit und Ruhe zu haben fürs Schreiben, herrschte daheim in Rom, im Salon der heiligen Paula, die größte Unruhe: War es nicht verantwortungslos gewesen, den heiligen Hieronymus allein abreisen zu lassen? Würde er zurechtkommen, ein hilfloser Intellektueller wie er, einsam im Exil?

Alsbald stach ein Schiff in See. An Bord Hunderte von Jungfrauen und Witwen aus den vornehmsten Kreisen. Die gesamte römische Frauenbewegung war aufgebrochen. Auf der Kommandobrücke, samt ihren Töchtern Eustochia und Blaesilla, die heilige Paula. Auf zum heiligen Hieronymus!

Hieronymus hatte sich in Bethlehem niedergelassen, um die gesamte Heilige Schrift aus dem Hebräischen und dem Griechischen ins Latein zu übersetzen. Diese Übersetzung, die „Vulgata", hat er auch vollendet. Moderne Exegeten freilich lassen an der

Bibel des heiligen Hieronymus kein gutes Haar. Die Übersetzung sei voll von Schludrigkeiten, von Auslassungen, von krassen Fehlern.

Wen wundert das? Während Hieronymus die Bibel übersetzte, herrschte, rings um sein Gehäuse, nicht himmlische Ruhe, sondern höllischer Baulärm. Nach kurzem Augenschein in Bethlehem war die heilige Paula nämlich zu dem Schluss gekommen, dass der große Zölibatsapostel zu unselbständig sei, um allein im Exil zu leben. Dass er der Betreuung bedurfte. Und sie begann zu bauen.

Nach ihrem Prinzip „Geld spielt keine Rolle" stampfte die heilige Paula drei große Frauenklöster aus dem Sand, die das winzige Gehäuse des heiligen Hieronymus von allen Seiten machtvoll umwallten. Sogar so etwas wie ein antikes Telefon, oder besser: eine antike Faxverbindung, installierte die heilige Paula, nämlich einen stündlichen Kurierdienst zwischen ihrer eigenen Zelle und dem Gehäuse des heiligen Hieronymus. Stündlich von der heiligen Paula inspiriert, stündlich von ihr gemanagt, schrieb der heilige Hieronymus fortan einen Traktat „De Virginitate" („Über die Keuschheit") nach dem andern. Finanziert von der heiligen Paula überfluteten seine Streitschriften für den Zölibat aus Bethlehem das Römische Reich.

Es ist jetzt wichtig zu wissen, dass es im Altertum einen blühenden Bildungstourismus gab. Zur

Bildung eines jungen Römers gehörte eine Reise nach Ägypten. Vor allem für höhere Töchter aus gutem Hause war Ägypten ein kulturelles Muss.

Plötzlich war eine Bildungsreise nach Ägypten nicht mehr denkbar ohne einen frommen Abstecher nach Bethlehem. Hieronymus selber beschreibt das ungeheure Gewimmel suchender junger Menschen, die bald danach aus dem ganzen Imperium in Bethlehem zusammenströmten. Als wäre es das Taizé der Antike.

Genau wie heute in Taizé um Frère Alois, genauso andächtig saßen die jungen Christinnen und Christen in Bethlehem dem heiligen Hieronymus zu Füßen. Und wenn abends die Lagerfeuer aufloderten, stiegen aus unzähligen Kehlen die Lieder der neuen Jugendbewegung zum Himmel. Es müssen, nach italienischen Forschungen, mehrere tausend gewesen sein, die wie Schlager ums Mittelmeer gingen, begeistert von Mund zu Mund: Lieder vom Zölibat und von der Jungfräulichkeit – Lieder von Jesus, dem ersten keuschen Mann: „Jesu, corona virginum ...“.

Ob solchen Klängen verging den spätantiken Machos, daheim in Rom, Hören und Sehen. Mit ein paar linken Intellektuellen waren sie leicht fertiggeworden, mit einer Frauenbewegung zur Not auch. Mit einer Jugendbewegung aus Bethlehem aber hatte keiner gerechnet. Eine Jugendbewegung für Keuschheit und Zölibat, das war zu viel. Zuerst kippte die öffentliche Meinung in Alexandrien. Dann kippte sie in Rom selbst. Am 30. September 419, als der heilige Hieronymus in seinem Gehäuse zu Bethlehem steinalt starb, hatte die cloaca maxima am Tiber sich geläutert zum Jungbrunnen des Zölibats.

Der Triumph des heiligen Hieronymus, der Triumph der christlichen Keuschheit gilt als eine der erstaunlichsten Umwälzungen der europäischen Kulturgeschichte. Und doch könne man sich in diesem Falle alle komplizierten Erklärungen sparen, meint Havelock Ellis, der große englische Sexualforscher.

Der heilige Hieronymus hat gesiegt, weil er die stärkere Sache vertrat. So geistlos, meint Ellis, sei die Sexgläubigkeit der späten Antike gewesen, so abgestanden der ordinäre Konformismus der Schamlosigkeit, dass das Keuschheits-Experiment der heiligen Paula und des heiligen Hieronymus die Jugend anziehen musste mit dem unerhörten Reiz des Revolutionären. Nur deshalb, schreibt Ellis wörtlich, hat die Keuschheit aus Bethlehem Europa erobern können, weil ihr der Zauber eines neuen Erlebnisses eignete, einer herrlichen Freiheit und eines ungeahnten Abenteuers:

"If, indeed, it had not possessed the charm of a new sensation, of a delicious freedom, of an unknown adventure, it would never have conquered the European world."

Die Versuchungen des heiligen Antonius

Worin wir lernen, wovor ein echter Mann die Flucht ergreifen soll.

Warum ist eigentlich der heilige Antonius in die Wüste geflohen? Kaum eine Frage scheint so müßig wie diese. Weiß doch jeder gebildete Christ: Der heilige Antonius ist in die Wüste geflohen, weil er Angst hatte vor den Frauen.

Wer das zu bezweifeln wagt, bekommt prompt den Vorwurf zu hören, er sei wohl noch nie in einem Museum gewesen. Haben doch Hunderte von Malern den heiligen Antonius alle gleich gemalt: wie er als Einsiedler, weit draußen in der Wüste Ägyptens, vergeblich Ruhe vor den Frauen sucht. Gerade dort, wohin kein Weib aus Fleisch und Blut sich je verirren würde, in jener äußersten Einsamkeit, plagen den heiligen Antonius, Tag und Nacht, betörende Trugbilder weiblicher Reize. Ihn plagt die eigene lüsterne Phantasie. O die „Versuchungen des heiligen Antonius"! Von Hieronymus Bosch bis zu Mathias Grünewald, von Salvador Dalí bis zu Max Ernst, sind sie eines der großen, klassischen Themen der europäischen Malerei.

Und doch beschleicht gerade den erfahrenen Freund der Schönen Künste angesichts so vieler so schön gemalter „Versuchungen des heiligen

Antonius" ein leiser historischer Zweifel. Schließlich war Antonius der Einsiedler ein Ägypter des 3. Jahrhunderts; die unzähligen Maler, die uns seine erotischen Phantasien vorgemalt haben, sind alle mindestens tausend Jahre später in Europa zur Welt gekommen. Die Gnade der späten Geburt ist aber selten verbunden mit dem Sinn für die historische Wirklichkeit. Überdies leiden Maler vor der Staffelei oft an Langerweile. Dass sie dann selber heimgesucht werden von tausend lüsternen Phantasien, ist nicht weiter schlimm. Dass daraus dann doch schöne Heiligenbilder werden, ist sogar erfreulich. Aber sagt es auch nur irgendetwas aus über die historische Wirklichkeit?

Für das, was wirklich los war in der Einsiedelei des heiligen Antonius, gibt es einen einzigen zuverlässigen Augenzeugen. Das ist Athanasius von Alexandrien. Dieser hochgebildete Kirchenlehrer war mit dem berühmten Einsiedler persönlich befreundet. „Πολλακις", schreibt er, „oftmals" habe er Antonius in seiner Eremitage zwischen Nil und Rotem Meer besucht. Und jedesmal sei er aus dem Staunen nicht mehr herausgekommen.

Einen Einsiedler stellt man sich nämlich einsam vor. Der heilige Antonius aber war in seiner Einsiedelei alles andere als einsam. In Höhlen, Felsspalten, Erdlöchern und Hütten hausten, rings um Antonius, mehrere tausend Jünger. Ausdrücklich gebraucht

Athanasius von Alexandrien in seiner Ortsbeschreibung das Wort „πολις": eine regelrechte „Stadt von Jüngern" sei entstanden rund um den heiligen Antonius mitten in der Wüste.

Und dann die zweite Überraschung: Einen Jünger stellt man sich jung vor. Die Jünger des heiligen Antonius aber waren, in der großen Mehrheit, gestandene Männer. Auch bedeutende Männer. Was hatte sie hinausgetrieben in eine Landschaft, die im Alten Ägypten als tödlich galt?

Noch größer war die dritte Überraschung: Diese Männer, die in äußerster Entsagung draußen in der Wüste lebten, hatte sich Athanasius von Alexandrien genau so vorgestellt, wie *wir* sie uns vorstellen: abgezehrt und tieftraurig. Abgezehrt sahen sie wohl aus, doch zu gleicher Zeit waren sie göttlich guter Laune – „denn", fährt Athanasius wörtlich fort, „denn da wurde keiner vom Steuereintreiber geplagt".

„Denn da wurde keiner vom Steuereintreiber geplagt": Das ist die historische Wirklichkeit. Nicht aus Angst vor Kleopatras ägyptischen Töchtern sind Antonius und seine Jünger in die Wüste geflohen, sondern aus Angst vor der römischen Steuerfahndung.

Im Jahr 284 war in Rom Diokletian Kaiser geworden. Diokletian war nicht nur ein böser Christenverfolger, sondern hatte, schlimmer noch, eine fatale Ähnlichkeit mit einem besonders berühmten deutschen Finanzminister. Das Wichtigste im Staat, dachte sich Diokletian, sei ein korrektes Steuerwesen. Tatsächlich gelang es ihm, den römischen Fiskus so effizient zu reorganisieren, dass von Britannien bis nach Ägypten kein einziges Steuerschlupfloch mehr blieb, keine einzige Steueroase.

Es war die totale Besteuerung und es war der wirtschaftliche Ruin des Römischen Reiches. In Gallien zuerst brach ein blutiger Aufstand verzweifelter Steuerzahler los, der die gesamte Provinz verwüstete. Das war der „Bagaudenkrieg". Gleich danach griffen in der Provinz Afrika, das heißt im heutigen Algerien und Tunesien, die bankrotten Bürger zu den Waffen. Das war die „Revolte der Circumcellionen".

Am schlimmsten war es in Ägypten. Dort trieben die römischen Steuerbeamten die Abgaben nicht selber ein, sondern machten in jedem Dorf die drei oder vier reichsten Bürger mit ihrem Privatvermögen haftbar für die gesamte Steuerschuld ihrer Gemeinde. Nicht etwa die armen Schlucker, vielmehr die reichen Großgrundbesitzer flohen jetzt vor dem drohenden Steuerbankrott zu Tausenden, hinaus in die Wüste. Ein solcher reicher Großbauer, berichtet Athanasius von Alexandrien, sei auch der heilige Antonius gewesen. „Dreihundert Aruren Land, fruchtbar und schön anzusehen", habe Antonius besessen (umgerechnet etwa 80 Hektar), bevor er dem Fiskus in die Wüste entrann.

Unzählige folgten ihm nach und so gilt der heilige Antonius nicht nur als „Patriarch der Eremiten", sondern auch, zu Recht, als „Vater des westlichen Mönchtums". Aus seiner Eremitenstadt in der Wüste Ägyptens ist ja das ganze Klosterwesen der katholischen Kirche hervorgegangen. Und eine Ahnung steigt in uns auf: Ist vielleicht das ganze christliche Mönchtum, ja ist vielleicht, historisch-kritisch betrachtet, der ganze katholische Klerus gar nicht aus Angst vor der Frau entstanden, sondern aus Angst vor dem Finanzamt? Werfen wir, vor jedem überstürzten Urteil, einen klärenden Blick nach Rom.

Während Antonius noch immer in der Wüste saß, hatte Konstantin der Große der Christenverfolgung ein Ende gesetzt. Historisch bedeutsam war dabei gar nicht das so genannte Mailänder Edikt von 313, sondern eine Serie von Folge-Erlassen, in denen Konstantin in wahrhaft majestätischer Großzügigkeit den Priestern der Katholischen Kirche etwas gewährte, wovon alle Bürger Roms genauso träumten wie der Ägypter Antonius: völlige Steuerfreiheit.

Plötzlich herrschten mitten in Rom Zustände wie in der Wüste Ägyptens: Die gesamte christliche Elite, dort die Mönche, hier die Priester, alle waren sie auf wunderbare Weise steuerfrei geworden.

Alsbald begann in Rom ein wahrer Oklahoma-Run reicher Familienväter auf die katholische Priesterweihe. Noch gab es ja keine Zölibatspflicht. Nach jüdischem Vorbild vererbten vielmehr die meisten christlichen Priester ihrem Sohn ihr Amt. Gelang es einer reichen römischen *familia*, ihren *pater familias* – auf Deutsch gesagt ihren Papi – zum Priester weihen zu lassen, so war die ganze Familienbande hinfort steuerfrei.

Das Priestertum Jesu Christi als Steuersparmodell für reiche Papis? Einer solchen fatalen Entwicklung Einhalt geboten zu haben, ist das Verdienst der heiligen Paula. Diese unerhört mutige Frau aus dem Geschlecht der Scipionen hatte auf einer Bildungsreise nach Ägypten auch die dortigen Einsiedlerkolonien in der Wüste besucht. Dort war ihr etwas aufgefallen. Bei aller guten Laune herrschte unter den Söhnen des heiligen Antonius doch so etwas wie christlicher Ernst und echte Askese. Die klimatischen Bedingungen in der Wüste waren nämlich so streng, dass es undenkbar war, einen Haushalt mitzunehmen. Frauen, Bräute, Töchter, Söhne dieser ägyptischen Steuerflüchtlinge hatten zurückbleiben müssen in den Dörfern am Nil. Naturnotwendig lebten Antonius und seine Jünger im Zölibat. Sie waren „μοναχοι". Daraus ist unser Wort „Mönch" geworden. Eigentlich aber heißt das griechische Wort „μοναχος" ganz einfach „Single".

Und jetzt die geniale Idee der heiligen Paula: Warum nicht eben jene Lebensweise, die in der Wüste Ägyptens naturnotwendig war, in Rom einführen als asketisches Gesetz? Das Single-Dasein als moralisches Korrektiv gegen Übermut im neuen klerikalen Steuerparadies? Nach ägyptischem Vorbild, gegen den erbitterten Widerstand der reichen römischen Papis, setzte die heilige Paula, diese wunderbare, tapfere Frau, in Rom den Zölibat durch.

Manche halten den katholischen Klerus für eine mittelalterliche Institution. Das ist historischer Unsinn. Die mittelalterliche Klerusgeschichte ist nichts als ein mühseliger Versuch von Epigonen, das doppelte Erbe der Antike zu bewahren: einerseits Steuerfreiheit für den Klerus, anderseits, als asketisches Korrektiv dazu, den Zölibat. Der einzige originelle Kopf unter all den mittelalterlichen Bewahrern antiker Kirchenordnung ist Papst Bonifatius VIII. Am 25. Februar 1296, mit der Bulle „Clericis laicos", verbietet er nicht nur Kaisern und Königen bei Strafe der Exkommunikation, von Priestern oder Mönchen Steuern einzutreiben. Nein, als wahrer Jünger des heiligen Antonius tut dieser großartige Papst den allerletzten Schritt: „Anathema sit" – zu ewiger Höllenstrafe verdammt sei jeder Priester oder Mönch, der sich überhaupt dazu zwingen lässt, dem Staat Steuern zu bezahlen.

Papst Bonifatius VIII war der letzte, der den historischen Durchblick besaß. Nach ihm kamen, wie gesagt, die Maler. Die mit der Gnade der späten Geburt, mit dem geringen Wissen und der blühenden erotischen Phantasie. Ganz zum Schluss kam Karl-heinz Deschner. In seinem Buch „Das Kreuz mit der Kirche" schreibt Deschner wörtlich, der heilige Antonius habe in der Wüste ständig „ganze Legionen nackter Frauen" um sich gesehen. Ja ist denn Karlheinz Deschner nicht selber Manns genug, um zu wissen, dass ein einziger Beamter der Steuerfahndung ungleich gefährlicher ist als ganze Legionen nackter Frauen?

Lasset uns beten!

Heiliger Antonius von Ägypten, Patriarch der Eremiten, Mönchsvater des Westens und Schutzpatron der christlichen Steuerflüchtlinge! Aus deinem himmlischen Steuerparadies blick gnädig herab auf uns geplagte Steuerzahler des 21. Jahrhunderts. Schütze du die letzten Steueroasen der Christenheit. Schütze Luxemburg und Liechtenstein. Protect Jersey and Guernsey. Segne die Schweiz! Schenke uns, wir bitten dich, schenke nicht nur Priestern und Mönchen, sondern all den verzweifelten christlichen Steuerzahlern einen Papst, der dem Fiskus aufs Neue so furchtlos entgegentritt wie Bonifatius VIII mit seiner großartigen Bulle „Clericis laicos". Auf dass wir alle dereinst, von irdischer Steuertyrannei erlöst, eingehen zu dir, Antonius, ins himmlische Steuerparadies.

Amen.

Kassian in der Wüste

Worin wir eine dynamische Methode der Keuschheit kennen lernen.

Die Gerüchte kamen aus Ägypten und sie klangen so unglaublich, dass sie das Rom des späten 4. Jahrhunderts in maßlose Aufregung versetzten. In Ägypten, hieß es, seien abertausend Männer aus den Städten und Dörfern am Nil aufgebrochen in die Wüste. Um dort ein Leben in vollkommener Keuschheit zu führen. Im radikalen Zölibat.

Die „Wüstenväter"! Wer verstehen will, warum solche Gerüchte, obwohl sie vom äußersten Rand der damaligen Welt kamen, gerade in Rom, in der antiken Metropole, als Sensation empfunden wurden, der muss sich einen Augenblick vor Augen halten, was die Sexualität dem antiken Menschen bedeutet hat. Sex galt damals, ähnlich wie im 21. Jahrhundert wieder, als etwas „Natürliches", als etwas „Gesundes". Die Götter im antiken Himmel, Zeus selber, hatten nichts im Kopf als Sex. Das Christentum hatte eine andere Lehre nach Rom gebracht, aber kaum eine andere Praxis. Für die Römerinnen und Römer des 4. Jahrhunderts war Sex noch immer das, was jeder, ob Gott ob Mensch, „einfach braucht".

Natürlich hatte auch die Antike ihre Außenseiter: Ärzte wie Hippokrates, der spottete, nach seiner medizinischen Erfahrung mache nichts so krank wie Sex; oder Philosophen wie Epiktet, der behauptete, Sex erschöpfe sich darin, Dummheiten zu machen. Aber das waren, wie gesagt, Außenseiter. Um zu erfahren, was die antike Allgemeinheit im Kopf hatte, genügt noch heute ein Spaziergang durch die Ruinen von Pompeji. An allen Wänden nichts als erotische Graffiti, nichts als Porno-Zeichnungen – genau wie heute nichts als Sex.

Und jetzt das. Keuschheit in der Wüste! Viele Wüstenväter, hieß es, hätten sich bei Theben in alten Felsengräbern aus pharaonischer Zeit bei lebendigem Leib begraben. In der Nitrischen Wüste, westlich von Alexandrien, lebten andere wie Hyänen in selbstgegrabenen Erdhöhlen. Und drüben, in den Wüsten östlich von Alexandrien, würden manche dieser neuen Asketen „Säulenheilige" genannt, weil sie von hohen selbstgemauerten Säulen verächtlich herabblickten auf die Gelüste der Welt. Aber ob sie nun in Gräbern hausten, in Erdhöhlen oder auf Säulen, eines, so lauteten die Berichte aus Ägypten, hätten die Wüstenväter alle gemein: den radikalen Zölibat.

Besonders groß war die Aufregung über diese ägyptische Sensation bei den Intellektuellen in Rom. Intellektuelle sind nun mal von Natur aus so eine Art geistige Wüstenväter. Insbesondere die christlichen Intellektuellen spielten im spätantiken Rom eine ähnliche Rolle wie heute bei uns die Linksintellektuellen. Und wie denn eine Weile, in den siebziger und achtziger Jahren, die deutschen Linksintellektuellen alle von den Hopi-Indianern in der Wüste Arizonas schwärmten, so begannen jetzt, in der zweiten Hälfte des vierten Jahrhunderts, die christlichen Intellektuellen Roms alle von den Wüstenvätern in Ägypten zu schwärmen. Von den Wüstenvätern sozusagen als den Hopi-Indianern einer christlichen Keuschheit, von der in Rom selber nichts zu spüren war. Im Salon der heiligen Paula, einer steinreichen Römerin, die die meisten christlichen Intellektuellen finanziell aushielt, entstanden jetzt unzählige Hymnen auf die Keuschheit in Ägypten.

Während so in den christlichen Salons die neue Poesie der Keuschheit blühte, erging sich das gemeine römische Volk in wilden Spekulationen: Wie geht das eigentlich ganz konkret und im Detail zu, wenn viele tausend Männer weit draußen in der Wüste, einsam unter Palmen, der Keuschheit frönen? Gerade weil niemand etwas Genaues wusste, überstürzten sich in Rom, bei den Friseuren und in den Badehäusern, die Gerüchte.

Diese Gerüchte braucht sich niemand im Kopf vorzustellen. Sie sind noch heute zu besichtigen. Im Bilde. So sehr nämlich haben sie die abendländische Phantasie beherrscht, dass sie zu einem der großen, klassischen Themen der Malerei wurden. Es handelt sich um die „Versuchungen des heiligen Antonius".

Nochmals gesagt: Abertausende von ägyptischen Christen waren, um Frau Welt zu entfliehen, hinausgezogen in die Wüste, unter ihnen einige so bedeutende Persönlichkeiten wie Makarios der Alte oder Pachomios der Mönchsvater. In der römischen Gerüchteküche aber, wie das nun mal mit Gerüchten ist, verdichteten sich alle die phantastischen Berichte über die unzähligen Versuchungen vieler Asketen auf das unglückliche Haupt eines einzigen Heiligen. Das war Antonius von Ägypten, genannt „der Stern der Wüste". Wer den neuesten Stand der Gerüchte über sein Keuschheitsexperiment heute erfahren will, der schlage nach bei Karlheinz Deschner. Unter seiner ägyptischen Palme sitzend, sah der heilige Antonius, das weiß Karlheinz Deschner einfach, im Geiste vor sich „ganze Legionen nackter Frauen", und zwar, so präzisiert Deschner, „Frauen in jeder Stellung".

Das ist, wie so oft bei Karlheinz Deschner, nur die halbe Wahrheit, sozusagen nur die Gerüchteklasse I. Geht man den frühesten Berichten aus Ägypten etwas weiter nach, wie das etwa der Historiker Karl Heusi getan hat, so stößt man schnell auf einen zweiten Typ von Nachrichten, sozusagen auf die Gerüchteklasse II.

Da ist zum Beispiel die Rede von Wüstenvätern, die rudelweise in die Städte zurückkehrten, dort über die Badehäuser herfielen und sich, unbekümmert um die Trennung in Abteilungen für Männer und Frauen, einfach ins Becken für Frauen setzten. Als ob sie demonstrieren wollten, wie völlig gleichgültig es sei, welchem Geschlecht der Körper eines Menschen angehöre.

Von anderen Wüstenvätern hieß es, dass sie, in den Dörfern am Rande der Wüste, nackt zur Kirche gingen, nackt auch zur heiligen Kommunion. Ja, es war sogar die Rede von Asketen, die nach ein paar Jahren in der Wüste in die Städte zurückkamen und ganz bewusst mitten in Bordellen meditierten - als Ausdruck souveräner Verachtung für den herrschenden Sexbetrieb. Was gar den heiligen Antonius persönlich betrifft, so heißt es von ihm in der berühmten „Vita Antonii", er habe den Teufel, als ihm dieser in Gestalt eines lüsternen nackten Weibes erschien, schallend ausgelacht.

Also nochmals: Laut Gerüchten I waren die Wüstenväter der sexuellen Begierde in aberwitzigen Halluzinationen verfallen, laut Gerüchten II waren sie dagegen über jeglichen Sex souverän erhaben. Diese beiden Sorten Gerüchte liefen in der römischen Gerüchteküche jahrelang durcheinander - so wild und widersprüchlich, dass schließlich allenthalben, in den gemeinen Friseurstuben des Volkes ebenso wie in den vornehmen christlichen Salons, der Ruf nach so etwas wie einer seriösen Reportage aus der ägyptischen Keuschheitsszene laut und dringend erscholl.

So viele unseriöse Reportagen über die Wüstenväter gab es nämlich schon im Jahr 385, dass der heiligen Paula der Geduldsfaden riss. Laut verkündete sie in ihrem römischen Salon, sie werde jetzt eine Expedition ausrüsten, um höchstselbst in Ägypten nachzusehen, was da los sei in der neuen Keuschheitsszene.

Wie immer, wenn die heilige Paula etwas unternahm, galt das Prinzip „Geld spielt keine Rolle", und so zog denn alsbald ein wahrer Heerwurm von Kamelen durch die Nitrische Wüste. Dass die Expedition trotz diesem enormen Aufwand scheiterte, lag daran, dass die heilige Paula im Gepäck ihren Seelenfreund mitnahm, den heiligen Hieronymus. Das war zweifellos der größte Intellektuelle des Jahrhunderts. Wie alle sensiblen Intellektuellen neigte der heilige Hieronymus aber in unerträglichem Maße zur Selbstdarstellung. Wörtlich schreibt er: „Wie oft hatte ich mitten in der Wüste plötzlich das Gefühl, ich sei mitten in Rom mit all seinen Vergnügungen. Ganze Banden von Mädchen umstellten mich in meiner Phantasie. Mein Gesicht war blass vom Fasten, doch innen brannte ich vor Begierde; und aus meinem Leib, der doch schon abgestorben schien, loderten hell die Flammen der Lust."

Mit anderen Worten: Aus dem Bericht des heiligen Hieronymus erfahren wir viel Aufschlussreiches über den heiligen Hieronymus, aber über die Wüstenväter selber so gut wie nichts.

Schon hatten die Römerinnen und die Römer jede Hoffnung aufgegeben, über das Keuschheitsexperiment in Ägypten jemals etwas anderes zu hören als Märchen und Gerüchte, da ging mit einem Mal die Sensation von Mund zu Mund, Kassian sei abgesegelt nach Ägypten. Johannes Cassianus, einer der seriösesten christlichen Schriftsteller der späten Antike. Gewiss kein Genie der intellektuellen Sensibilität wie Hieronymus, aber dafür ein seriöser Arbeiter. Ein Rechercheur. In unerhörter Spannung wartete Rom auf Kassians Bericht.

Und dann die furchtbare Enttäuschung: Kassian, hieß es, sei vom Zölibat so begeistert, dass er nicht mehr davon loskomme. Er habe beschlossen, selber Wüstenvater zu werden und in Ägypten zu bleiben.

Über zehn Jahre ist Johannes Cassianus in Ägypten geblieben, zuerst in der Sketischen, dann in der Nitrischen Wüste. Als er schließlich doch zurückkam, war er ein anderer geworden. Etwas Unnahbares war jetzt um Kassian. Im Zölibat, sagte er, habe er selber Dinge erlebt, die man einem gewöhnlichen Sterblichen eigentlich gar nicht schildern könne. Als die Römerinnen und Römer ihn alle bedrängten, doch wenigstens ein bisschen etwas zu erzählen, wehrte Kassian ab. Man möge warten. Warten auf sein Buch.

Viele Jahre haben die Römerinnen und Römer warten müssen. Bis endlich, anno 428, das Jahrhundertwerk vollendet war. Es umfasst 28 Bände und trägt den verheißungsvollen Titel „Collationes Patrum". Das heißt in heutiger Sprache: „Interviews mit den Wüstenvätern". Rom stürzte sich auf den christlichen Bestseller.

Und siehe, das Warten hatte sich gelohnt. In 28 Bänden klärt Kassian sämtliche Widersprüche in den bisherigen Gerüchten aus Ägypten. Die Gerüchte I, also jene Gerüchte, wonach die Wüstenväter unter den Begierden des Fleisches wahnwitzig gelitten hätten, stimmten nämlich, schreibt Kassian; aber genauso stimmten auch die Gerüchte II, wonach sie von allen Begierden des Fleisches souverän frei gewesen seien.

Wie passt das zusammen? Ganz einfach. Der Zölibat ist, wie alles Lebendige, nichts Statisches, sondern etwas Dynamisches. Das heißt: Die Keuschheit ist etwas, was sich entwickelt, und zwar, wie Kassian in Ägypten buchstäblich am eigenen Leibe erfahren hat, in sieben Stufen. In seinem zwölften Interview mit dem Wüstenvater Cheremon fasst er die ersten sechs Stufen wörtlich so zusammen:

„Auf der ersten Stufe beginnt die Keuschheit damit, dass der Asket tagsüber den Regungen des

Fleisches nicht erliegt. Auf der zweiten Stufe verweilt er nicht einmal im Geiste bei solchen Unanständigkeiten. Auf der dritten Stufe macht es ihm nicht mehr den geringsten Eindruck, wenn er eine Frau sieht. Auf der vierten Stufe hören bei ihm, tagsüber, die Regungen des Fleisches überhaupt auf. Auf der fünften Stufe ist er in der Lage, über sexuelle Dinge zu reden wie über irgendwelche banalen und belanglosen Dinge. Auf der sechsten Stufe ist er auch des Nachts gänzlich frei von jenen Wunschträumen und Phantasien, vor denen uns Gott bewahren möge."

An dieser Stelle wird Kassians Text merkwürdig konfus. In geheimnisvollen Andeutungen gibt er zu verstehen, dass es, darüber hinaus, noch eine letzte, höchste Stufe der Keuschheit gebe, die er selber in Ägypten erreicht habe, über die zu schreiben aber unmöglich sei. Was los sei auf dieser siebten Stufe der Keuschheit, verstünden nämlich nur jene wenigen Auserwählten, die sie, wie zum Beispiel er selbst, erreicht hätten.

Verehrte Leserinnen und Leser: Wir alle haben diese siebte Stufe der Keuschheit noch nicht erreicht. Worin sie besteht, darüber können wir nur ehrfürchtig spekulieren. Doch sei nicht verschwiegen, dass die Spekulationen, seit Kassians Buch erschienen ist, seit sechzehn Jahrhunderten also, in theologisch gebildeten Kreisen alle in die gleiche

Richtung gehen: „Qui spiritu Dei repleti sunt, nudi incedunt." Das heißt auf Deutsch: „Wer von Gottes Geist erfüllt ist, der kann auch nackt herumlaufen."

Ist also auf der siebten Stufe des Zölibats alles wieder erlaubt? Das ist eine offene Frage. Historisch fest steht dies: Kassians „Collationes Patrum" sind einer der großen Wendepunkte der europäischen Geistesgeschichte. Durch so viele Jahrhunderte war Rom die Metropole aller Laster gewesen. Jetzt wird Rom zur *cathedra* der Keuschheit. Latein wird die Sprache des Zölibats.

Wie das kleine Zirkusmädchen Theodora eine mächtige Heilige wurde

Worin Frauen lernen, wie frau den Papst absetzen kann.

Wann sie geboren ist, Theodora, die große Kaiserin von Byzanz, das weiß keiner genau. Nur in gehobenen Kreisen war es damals üblich, das Geburtsdatum von Kindern festzuhalten. Theodora aber stammte aus dem allerniedrigsten, auch verrufensten Milieu. Im großen Zirkus von Konstantinopel ist sie als Kind eines Bärenwärters geboren. Zwischen all den Käfigen, in denen Löwen und Bären darauf warteten, vor dem ergötzten Publikum zu Tode gehetzt zu werden, hat sie ihre Kindheit verbracht.

Wo Gewalt ist, da ist auch Porno. Schon als kleines Mädchen tanzte Theodora mit in einer Gruppe von Schauspielerinnen, die unter dem Vorwand, die Liebesabenteuer des Zeus darzustellen, sich vor dem Zirkuspublikum entblätterten, etwa in der Art moderner Striptease-Künstlerinnen. Nach der Vorstellung empfingen die erwachsenen Tänzerinnen in den dunklen Kulissen des Zirkus spendable Verehrer aus dem Publikum. Aber auch die kleinsten Mädchen hatten schon ihre Freier. In unübersetzbar drastischen Worten schildert der byzantinische Historiker Prokop den pädophilen Missbrauch, dem das kleine Zirkus-Mädchen Theodora ausgesetzt war:

η δε τοις κακοδαιμονουσιν ανδρειαν τινα
μισητιαν ανεμισγετο
                    (Προκοπιου Ανεκδοτα IX 10)

Theodora wächst heran. Im Zirkus von Konstantinopel wird sie eine sehr erfolgreiche, sehr begehrte Schauspielerin. Trotzdem versucht sie, aus dem Zirkus-Milieu auszubrechen. Von ihren vielen Liebhabern wählt sie einen aus, einen hohen Beamten namens Hekebolos. Er wird zum neuen Gouverneur von Libyen ernannt. Nicht als Ehefrau, wohl aber als seine Konkubine segelt Theodora mit nach Afrika. Kaum dort angekommen, bekommen die beiden Streit. Aus dem Gouverneurspalast fliegt Theodora hinaus auf die Straße.

Allein in Libyen!

Allein in einem Land, in dem damals schon Zustände herrschten wie heute wieder. Der nordafrikanischen Küste entlang schlägt Theodora sich durch bis in die ägyptische Hafenstadt Alexandrien. Wahrscheinlich hat sie auch dort im Zirkus getanzt. Weiter geht es quer durch die Levante. Der nächste feste Ort, wo wir sie sicher treffen, ist der Zirkus von

Antiochien. Das ist heute ein türkisches Provinznest namens Antakia. Damals war es die Hauptstadt der Provinz Syrien und galt als die lebenslustigste Stadt der Welt.

Im Zirkus von Antiochien trifft Theodora eine Freundin namens Makedonia, die inzwischen ungewöhnliche Beziehungen hat. Für keinen Geringeren als Justinian, den Thronfolger in Konstantinopel, leitet sie ein Netz von syrischen Geheimagenten.

Und jetzt ein Gerücht in Konstantinopel: Justinian, der mächtige Neffe des Kaisers und designierte Thronanwärter, will heiraten. Das ist an sich keine Sensation, im Gegenteil, das erwartet alle Welt von ihm. Zum Skandal steigert sich das Gerücht, als bekannt wird, wen Justinian heiraten will. Was, *die*? Die stadtbekannte Zirkushure?

All die edlen, reichen Familien von Konstantinopel haben ihm ihre gerade heiratsfähigen, ihre 16-jährigen Töchter angetragen, jede nicht nur unschuldig, sondern auch ausgestattet mit einer märchenhaften Mitgift. Er verschmäht sie alle. Diese will er haben, die Zirkushure, diese allein.

Was ist los mit Justinian?

Das Einfachste von der Welt: die Liebe. Die große, starke Liebe. Dass ein Mann und eine Frau einander leidenschaftlich lieben, ist etwas, was wir uns heute, im 21. Jahrhundert, kaum noch vorstellen können. Die Menschen der byzantinischen Zeit waren anders. Vom Bosporus bis nach Ägypten waren sie ungleich sinnlicher als wir.

Unmöglich war dagegen die Ehe, doppelt unmöglich. Schauspieler, Tänzerinnen, Prostituierte waren nach byzantinischem Recht „ehrlos". Wohl durften sie unter sich heiraten, doch keineswegs hinauf in ehrbare Familien. Und in ganz Konstantinopel gab es keinen ehrbareren Heiratskandidaten als Justinian.

Strenger noch als das Gesetz war die Sitte. Die Sitte verkörperte sich in Konstantinopel in Kaiserin Euphemia. Dass so eine ihr nachfolge auf den glänzendsten aller Throne, dies will Kaiserin Euphemia unbedingt verhindern.

Doch die göttliche Vorsehung hält es mit den Liebenden. Kaiserin Euphemia stirbt unerwartet. Jetzt lässt sich der hochbetagte Kaiser von seinem Neffen ein neues Gesetz aufschwatzen, eine Lex Theodora. Wenn sie sich reuig zeigen und Buße tun, dürfen gefallene Mädchen künftig ehrbare Männer heiraten.

Es ist das Jahr des Heils 525. Die Hagia Sophia strahlt im Licht von tausend Kerzen, tausend Lampen, als Patriarch Epiphanios die beiden zusammengibt zum heiligen Ehebund: Justinian und Theodora, Theodora und Justinian.

Zwei Jahre später stirbt auch der Kaiser. Justinian folgt ihm nach auf den Thron. Sofort erhebt er Theodora zur Augusta, zur Kaiserin an seiner Seite. Städte und Provinzen benennt er nach ihrem Namen. Er überhäuft sie mit Edelsteinen, mit Palästen, mit Landgütern, mit jedem nur denkbaren Luxus. Ist diese Frau vielleicht nicht mehr als seine Luxuskreation?

13. Januar 532. In Konstantinopel bricht die Revolution aus. Die „große Zirkus-Revolution". Was ist passiert? Kaiser Justinian hat gesiegt. Er hat zuviel gesiegt. Den ganzen verlorenen Westen des alten Römischen Reiches hat er zurückerobert. Maßlos teuer waren all diese Siege. So ist dem byzantinischen Staat das Geld ausgegangen. Im Zirkus von Konstantinopel begehrt das empörte Volk nicht mehr nur nach Spielen, sondern nach Brot.

Aus der Arena wälzt sich die entfesselte Menge zur Hagia Sophia. Die größte, die schönste Kirche der Christenheit geht auf in hellen Flammen. Die wunderbaren Paläste, die Kirchen von Konstantinopel, sie brennen alle, eine nach der andern. Jetzt will Kaiser Justinian die Aufständischen besänftigen. Mit einer ungewöhnlichen Geste. Mit christlicher Demut. In der Kaiserloge des Zirkus tritt er vor sein empörtes Volk. Das heilige Evangelienbuch in Händen bekennt er seine Sünden, ruft zur Ordnung auf und verspricht den Aufständischen eine vollständige Amnestie. Von allen Seiten schallt ihm nur, immer lauter, der Ruf entgegen: „Justinianos onos! Du Esel von Kaiser, Justinian."

Schon werden die Tore seines Palastes eingeschlagen, schon steht die Vorhalle in Flammen, da ruft der Kaiser den engsten und höchsten Rat des Reiches zusammen. „Silentium" wurde diese Beratung genannt, weil nur der Kaiser reden durfte und alle andern schweigend zuzuhören hatten. Alles sei verloren, sagt Justinian, es gebe nur noch die Flucht.

In diesem Augenblick geschieht das Unerhörte. Eine Stimme durchbricht das Silentium. Es ist die Stimme einer Frau. In ihrem Purpurmantel ist Kaiserin Theodora aufgestanden, um ihrem Gatten, dem Kaiser, zu widersprechen. Wenn er fliehen wolle, so solle er fliehen. „Das Schiff", sagt sie, „steht bereit und Geld ist vorhanden." Sie aber werde nicht fliehen. „Ich ziehe den Tod im Purpurmantel dem schmachvollen Leben auf der Flucht vor."

Im Zirkus von Konstantinopel ist sie aufgewachsen. Zwischen allen Käfigen von Löwen und Bären, die auf den sicheren Tod warteten. Theodora weiß, dass dies eine Arena ist, in der mit christlicher Demut nichts auszurichten ist. Als jetzt die Revolutionäre sich wieder im Zirkus versammeln und einen Gegenkaiser ausrufen, gibt Theodora den letzten noch loyalen Truppen den Befehl, das eine Zirkustor abzusperren und die Arena vom andern Tor her zu stürmen. Sämtliche Revolutionäre, etwa 30.000 insgesamt, werden niedergemetzelt. Die große Zirkusrevolution von Konstantinopel ist beendet. In den rauchenden Ruinen der Stadt aber greifen die byzantinischen Hymnendichter tief in die Leier:

„Alles, was lebt, besingt dich, o Herrscherin.
Machtvoll hast du die Menge der Feinde
vernichtet."

Justinian und Theodora: Er hat sie auf den Thron gehoben, jetzt gibt sie ihm seinen – den schon verlorenen – Thron zurück. Zusammen bauen die beiden das zerstörte Konstantinopel wieder auf, auch die Hagia Sophia, größer und schöner als jemals zuvor. Auch als ihm die Ärzte berichten, Theodora werde ihm, der vielen Abtreibungen in Zirkustagen wegen, keinen Sohn mehr gebären können, verstößt er sie nicht. Ihn selbst geben die Ärzte auf, als ihn die große Pest von Konstantinopel niederwirft. Es ist Theodora, die ihn, rücksichtslos gegen sich selbst, gesundpflegt.

Justinian und Theodora, Theodora und Justinian: Was kann diese beiden noch entzweien? Nur eines. Ihr ahnt es schon: die Religion.

In reiferen Jahren interessiert sich Kaiserin Theodora zunehmend für die Feinheiten der dogmatischen Theologie. Das wichtigste christliche Dogma hatte das Konzil von Chalzedon festgelegt: „Jesus Christus, wahrer Gott und wahrer Mensch." Eine Person mit zwei Naturen, einer göttlichen und einer menschlichen. Kaiserin Theodora versteht das anders. Wie so viele ihrer Untertanen in Syrien und Ägypten, ist sie Monophysitin: Jesus Christus hat nur eine, die göttliche Natur. Das Menschliche an ihm war zeitweilige irdische Erscheinung.

Justinian tut jetzt, was wohl jeder Ehemann tut, wenn seine Frau dogmatische Ambitionen entwickelt: Der Kaiser hüllt sich in byzantinisches Schweigen. Nicht so der Papst in Rom. Traditionell sind ja beide, Kaiser und Papst, Hüter des Dogmas von Chalzedon. Feierlich verurteilt Papst Silverius Theodoras dogmatische Erleuchtung als Ketzerei.

Die Kaiserin nimmt ihm das so übel, als wär's eine zweite Zirkus-Revolution, diesmal in Rom. Auf ihren Befehl wird Papst Silverius entführt, abgesetzt, geschoren, in eine schwarze Büßerkutte gesteckt und als Einsiedler – darf ich es so sagen, wie es ist? – nach Anatolien entsorgt. Nach ihrem dogmatischen Gusto wird ein neuer Papst, Vigilius, ernannt. Der wird aber leider rückfällig und bekräftigt erneut, der Kaiserin zum Trotz, das Dogma von Chalzedon: „Jesus Christus, wahrer Gott und wahrer Mensch."

Am 28. Juni 548 ist Kaiserin Theodora gestorben. In den Kirchen des Ostens, bei den Kopten vor allem, wird sie bis heute als ganz große Heilige verehrt. Am 14. November ist ihr Festtag. Nur der Vatikan weigert sich immer noch, die Frau, die stark genug war, den Papst zu stürzen, zur Ehre der katholischen Altäre zu erheben.

Schon aber hat die Unesco in Paris den ersten Schritt getan. Das grandiose byzantinische Mosaik in der Kirche San Vitale von Ravenna, der einstigen oströmischen Kapitale für Italien, hat sie zum Weltkulturerbe erklärt. Es zeigt Kaiserin Thedora mit Perlen behangen, mit Edelsteinen gekrönt in überirdischer Verklärung. Bildungstouristen ohne Zahl ziehen andächtig vor diesem gewaltigen byzantinischen Mosaik vorbei. Wann wird Papst Franziskus den Mut finden, selber nach Ravenna zu pilgern, um, stellvertretend für uns alle, vor Theodoras überweltlichem Bildnis das Knie zu beugen?

Heilige Theodora von Byzanz, bitt für uns Sünderinnen und Sünder!

„Adieu in alle Ewigkeit, mi Cicero!"

Worin wir von Petrarca lernen, wie man alte weiße Männer kulturell cancelt.

Nicht erst mit sechzig oder siebzig, nein schon mit vierzig Jahren galt ein Mann im Alten Rom als „senex", als Greis. Einundsechzig Jahre alt war Marcus Tullius Cicero, als er sich im Jahr 45 vor Christus entschloss, ein Buch über das Greisenalter und über den näherkommenden Tod zu schreiben: „de senectute". Das heißt, mit dem Altwerden und mit der Erwartung des Todes hatte Cicero zu dieser Zeit schon viel eigene Erfahrung. Mehr noch hatte er sich die Meinungen anderer anhören müssen: vor allem die bitteren Klagen der Alten selber.

Dieser würdelosen Jammerei vieler *senes*, vieler Greise, wollte Cicero jene gelassene Selbstsicherheit entgegensetzen, mit der, lange vor ihm schon, die großen Philosophen Griechenlands dem hohen Alter und dem Tod entgegengesehen hatten, Plato etwa und Sokrates im „Phaidon". Dabei stand Cicero aber vor einer Schwierigkeit: Er selber galt vielen in Rom als „graeculus", als „Griechelein", als „Salon-grieche". Wichtig war ihm deshalb, urgriechische Gedanken über Alter und Tod als etwas Eigenes, etwas Urrömisches darzustellen.

Wie macht man das? Mit einem literarischen Kunstgriff. Cicero schreibt sein Buch *de senectute* als einen fiktiven Dialog, in dem der berühmteste, der römischste, der männlichste aller Greise Roms, der Alte Cato, zwei jungen Römern über seine Erfahrungen im letzten Lebensalter Rede steht – mit 84, ein Jahr vor seinem Tod und ein Jahrhundert vor Ciceros Geburt.

Nun zuerst zum greisen Gejammer über das Greisenalter. Da sei etwas dran. Ist doch das Alter mit vielerlei Beschwerden verbunden. Doch lohnt es, sich bei jenen, die im Alter so laut jammern, ihre frühen Jahre näher anzuschauen. In aller Regel sind das Leute, die schon in der Jugend laut und gern gejammert haben. Da ist dann das Jammern über das Altern nichts als der jammervolle Schlusspunkt lebenslanger Jammerei. Nicht Alterssache, lehrt der Alte Cato seine jungen Zuhörer, sei das Jammern, sondern Charaktersache, Charakterschwäche von früher Jugend auf.

Natürlich stimme es, dass im Alter die körperlichen Kräfte schwinden. Aber braucht denn der Alte große körperliche Kraft? Wie ist es auf Schiffen? Muss da der Kapitän die nötige Behendigkeit besitzen, um jederzeit selber in alle Masten hochzuklettern? Nein, das überlässt er am besten dem Schiffsjungen. Der wahre Kapitän sitzt unbewegt, gelassen vor seinem Steuer. Wird nicht auch der römische

Staat in höchster Instanz vom Senat gesteuert? „Senat" kommt von „senex". Er ist der Rat der Greise.

Dass der Körper im Alter nachlässt, hat auch sein Gutes: Der Geist hat jetzt mehr Ruhe. Mehr als in der Jugend ist der Mensch im Alter „secum", „bei sich". Zum Beweis lässt Cicero vor dem Alten Cato eine lange Galerie von altrömischen Zeitgenossen auftreten: Richter, Schriftsteller, Priester, Redner, Senatoren aus seiner eigenen Zeit, lange vor Cicero. Ohne Altersgrenze haben sie bis in die spätesten Jahre Großes geleistet, Größeres oft als in der Jugend.

Überdies gebe es körperliche Arbeiten, die zum Alter nicht weniger passen als zur Jugend. Gerade deshalb, weil er als Bauernsohn aufgewachsen war, galt der Alte Cato noch zu Ciceros Zeit als Verkörperung römischer Männlichkeit. Als Soldat, als Feldherr, als Staatsmann war er zu Ruhm gekommen. Jetzt mit 84, berichtet er seinen beiden jungen Zuhörern, bereite es ihm die größte Lust, zur Arbeit seiner Jugend zurückzukehren, durch seine Gärten zu gehen, nicht anders gekleidet als seine Arbeiter, und selber Hand anzulegen.

Aber kommen wir zur eigentlichen Sache. Hängt nicht das nahe Verhängnis des Todes wie eine düsterschwarze Wolke über den letzten Lebensjahren jedes Menschen? Wörtlich antwortet der Alte Cato mit einem Vergleich aus seinem Bauerngarten: „Wie das Obst, wenn es unreif ist, sich kaum vom Baum reißen lässt, jedoch, wenn es gereift ist, sich von selber löst, so nimmt dem jungen Menschen die Gewalt das Leben, dem alten aber die Reife."

Der intelligente Alte weiß, dass sein Tod nicht, wie beim jungen Menschen, eine Tragödie ist, sondern Erfüllung eines Naturgesetzes. Der Natur so gehorsam zu folgen „wie einem Gott" aber ist höchste Weisheit des Alters, sagt Cicero durch Catos Mund. Und er schreibt den schönsten Satz, der je über das philosophische Alter und den Tod geschrieben worden ist:

„So geht das Leben unmerklich über ins höchste Alter, und nicht plötzlich bricht es ab, sondern die Länge der Zeit löscht es aus – diurnitate exstinguitur."

Nach seinen großen Reden zur Verteidigung der *res publica* – manche würden heute sagen: der Demokratie – haben die Römer Cicero den Titel „pater patriae" verliehen: „Vater des Vaterlands". Die christliche Antike wird ihn doppelt verehren: als sprachliches Vorbild der *latinitas* und als Verkünder edelmütiger *humanitas*.

Das Mittelalter ließ ihm seinen Ruhm, versagte ihm aber die Nachfolge. Es sprach ja ein ganz anderes, nicht ciceronianisches, sondern modern strukturiertes Latein, die „lingua Parisiensis". So ereilte Cicero jenes Schicksal, das, wie Voltaire klagen wird, jedem noch so großen Autor bestimmt ist:

hochgepriesen, aber ungelesen zu vermodern im Staub der Bibliotheken.

Bibliotheken sind stille Orte. Dass große Dramen sich in Bibliotheken abspielen, dürfte eher selten sein. Solches aber geschah anno 1345 in der Bibliothek der Kathedrale von Verona. Dort saß Francesco Petrarca. Mit Dante und Boccaccio ist er einer der drei Giganten der italienischen Literatur. Für die Italiener ist er auch der eigentliche Begründer des *rinascimento*, der Wiederentdeckung der Antike in der Renaissance. Längst kannte Petrarca Ciceros große staatspolitischen Reden, auch seine tiefgründigen Dialoge über das Alter und den Tod. Jetzt aber gingen ihm die Augen über. Was er unerwartet entdeckt hatte, war nichts anderes als, in vielen hundert Exemplaren, Ciceros private Korrespondenz. Von einem aufmerksamen Sekretär einst kopiert und gebündelt, hatten diese ganz persönlichen Briefe die Jahrtausende überstanden.

Außer sich vor Begeisterung stürzte sich Petrarca in die Lektüre von Ciceros Briefen. Doch je länger er las, desto mehr wandelte sich die Begeisterung in Beklemmung. Die Beklemmung wandelte sich in Bestürzung.

In heller Empörung schrieb jetzt Petrarca, durch die Jahrhunderte zurück, einen Wutbrief an Cicero persönlich. In perfekt ciceronianischem Latein. „Amantissime", in leidenschaftlicher Liebe habe er seit früher Jugend Cicero verehrt und nachgeahmt. Jetzt aber sei für ihn Ciceros antike Maske gefallen. „Was für ein Lehrmeister du den andern warst, habe ich längst gewusst; jetzt habe ich erkannt, was für einer du für dich selber warst." Derselbe alte Cicero, der öffentlich unentwegt den heldenhaften Verteidiger der Republik spielte, war ganz privat damit beschäftigt, sich bei den aufstrebenden Jung-Diktatoren, etwa bei Cäsar, einzuschleimen. Und er rechtfertigte das vor seinem entgeisterten Freund Atticus mit so verräterischen Sätzen wie: „Ich werde doch auch einmal an mich selber (...) denken dürfen." Voll von Gejammer und von Wankelmut, wirft ihm Petrarca vor, seien Ciceros private Briefe. Vom großen Lehrmeister würdigen Alterns bleibe als realer Cicero nichts als ein „inquietus semper atque anxiosus, praeceps et calamitosus senex", ein „allzeit ruheloser und verängstigter, ein kopfloser und elender Greis".

In solche Wut steigert sich Petrarca, dass er sogar Ciceros Ermordung nicht den Mördern, sondern Cicero selbst zum Vorwurf macht. Statt sich in jener würdevollen Zurückhaltung zu üben, die er doch selber allen alten Männern der Welt empfohlen hatte, habe sich Cicero, von Ruhmsucht geblendet, noch als Greis „adolescentium bellis", in die Kriege halbreifer Jünglinge gestürzt: Pompejus, Cäsar, Antonius, Oktavian. Bis es schließlich den Triumvirn zuviel wurde. Und es setzten die drei Diktatoren Ciceros Namen zuoberst auf die Liste derer, die sie umbringen wollten.

In welche Panik geriet da Cicero! Von einem seiner vielen Landhäuser floh er quer durch Italien ins andere, wollte bei Brutus in Kleinasien Zuflucht suchen, bis ihn die Häscher in seiner Villa bei Formiae aufspürten. Noch versuchte er, ihnen zu entkommen, hinab zur Küste, ans rettende Meer. Doch unterwegs, auf einem düsteren Waldweg, ereilte ihn am 7. Dezember 43 vor Christus sein unwürdiges Schicksal. Den Kopf, der so viel gedacht, die Hand, die so viel geschrieben hatte, beides schlugen ihm die Schergen ab. Und Petrarca verspürt kein Mitleid mehr: „Adieu in alle Ewigkeit, mein Cicero – vale in aeternum, mi Cicero!"

Über die Jahrhunderte wird Petrarcas Wutbrief das gebildete Abendland im Urteil über Cicero verwirren und spalten. Leidenschaftlich wird Erasmus Petrarca widersprechen: „Ich kann Ciceros Schrift über das Alter (…) nicht lesen, ohne das Buch von Zeit zu Zeit zu küssen und mich zu verneigen vor Ciceros heiligem, ganz von göttlichem Odem erfülltem Herzen."

Noch in Kaiser Wilhelms humanistischem Gymnasium wird es für deutsche Knaben zwar nicht höchste Lust, wohl aber höchste Ehre sein, Ciceros „Gespräche in Tusculum" zu übersetzen, Ciceros Brandreden im Senat zu deklamieren:

„Quousque tandem, Catilina, abutere patientia nostra!"

Zu gleicher Zeit allerdings fällt der Historiker Theodor Mommsen über Cicero ein Urteil, das noch viel vernichtender ausfällt als Petrarcas Kritik. „Als Staatsmann ohne Einsicht, Ansicht und Absicht" stehe Cicero auch „als Schriftsteller ... ebenso tief wie als Staatsmann." Als Redner habe der Römer Cicero nie den Griechen Demosthenes erreicht, als Philosoph nie den Griechen Plato. „Durchaus Pfuscher" sei Cicero gewesen, schließt Mommsen gnadenlos.

Mommsens Tage sind vorbei und auch das humanistische Gymnasium gibt's nicht mehr. Geblieben sind wir, die letzten greisen Epigonen der klassischen Bildung. Wir und unser Cicero. Mir persönlich ist er jetzt lieber als jemals zuvor. Wohl wahr, dass in seiner privaten Korrespondenz eine Unentschlossenheit, Ängstlichkeit, ja Feigheit zutage tritt, die im Gegensatz steht zu jener altrömischen Charakterstärke, jener philosophischen Würde, die er öffentlich vertrat. Aber ist solche Schwäche, solche Widersprüchlichkeit im Alter verwerflich?

So sind wir senes heute noch alle: Vor den Jungen geben wir uns wichtiger, tüchtiger, würdiger, als wir vor uns selber sind. Auch wir tun ja so, als wären wir jeder ein Alter Cato – und sind doch höchstens kleine Cicerones. Nicht grundlos werden wir heute, in den Blogs des 21. Jahrhunderts, als „old white men" so wütend demaskiert, wie einstmals Petrarca Cicero bloßgestellt hat.

Mi Cicero! In deiner Widersprüchlichkeit warst du der erste von uns. Vor mehr als zwei Jahrtausenden warst du, Alter Römer, der erste „alte weiße Mann".

Gregor der Große
und die ewige katholische Krise

Worin wir erfahren, wie die schlimmste aller katholischen Krisen in himmlischer Schönheit endete.

Es war nicht etwa nur so ein Coronavirus. Es war die Pest. Die große Justinianische Pest. Schon hatte sie ein Drittel der Einwohner Italiens dahingerafft. Jetzt im Jahr 590 brach sie in Rom erneut aus. Als genüge nicht die Hungersnot, als genügten nicht die zahllosen Flüchtlinge, die vor den Langobarden aus Norditalien nach Rom geflohen waren. Und dann die Hiobsbotschaft: Den Papst selbst hat Gott nicht beschützt: Pelagius II starb an der Pest.

Nicht in einem streng geheimen Konklave, nein, „per acclamationem populi", durch einhelligen Zuruf des Volkes, haben die Römer seinen Nachfolger gewählt: den Mönch Gregor. In Calvins Lehrbuch des protestantischen Glaubens, in der „Institutio religionis christianae", rühmt der Reformator ein Jahrtausend danach den Gewählten und nennt ihn den „letzten guten Papst". Dabei hat doch keiner sonst das Papsttum so gehasst wie Calvin.

Vielleicht hat er in Gregor den Schicksalsverwandten erkannt. Beide, Calvin in Genf, Gregor in Rom, haben sich mit Händen und Füßen dagegen gewehrt, das angetragene Amt anzutreten. Nichts sei er als ein „armer, ängstlicher Wissenschaftler", hielt Calvin den Genfern entgegen, als Reformator völlig ungeeignet. Ein Mönch als Papst, wie das gutgehen könne, hielt Gregor den Römern entgegen. Für jene Zeit nämlich waren Mönch und Papst Gegensätze wie etwa für uns Künstler und Manager.

Die Römer hatten ihn wohl gewählt, weil er der letzte war, der noch Roms untergegangene Größe zu verkörpern schien. Denn er stammte aus dem Geschlecht der Anicier, das zwei Kaiser und einen Papst hervorgebracht hatte. Doch er selber hielt sich für ungeeignet – und er war es. In seiner Jugend hatte er kaum anderes erlebt als die Pest und die Verwüstung Roms durch Goten und Vandalen. Deshalb war er Mönch geworden, um sich abseits einer kaputten Welt der Schau der göttlichen Dinge zu widmen.

Wohl hatte ihn Papst Pelagius aus dem Kloster geholt und als seinen Nuntius zum Kaiser nach Konstantinopel entsandt. Mit Ruhm bedeckt hat er sich dort nicht. Mit seiner mönchischen Lebenseinstellung passte Gregor nicht in die Pracht des byzantinischen Hofs.

Die Lage der katholischen Kirche schätzte er selber so ein: „Ein alter zertrümmerter Kahn ist das, in den von allen Seiten die Wellen hereinschlagen und dessen morsche Planken, gepeitscht von einem wütenden Orkan, den baldigen Untergang ankündigen." Das Steuer dieses untergehenden Schiffes herumzureißen, traute er sich nicht zu.

Doch als die Römer ihn einfach nicht losließen, ging es ihm so, wie es Calvin ging, als diesen die Genfer einfach nicht losließen: Im Amt wächst der Ungeeignete zum Geeigneten. Aus der kleinen, eingekesselten Stadt Genf heraus wird Calvin zum Reformator der weiten, Englisch sprechenden Welt. Ganz ähnlich, ein Jahrtausend zuvor, der schicksalhafte Weg des einzigen Papstes, den Calvin gemocht hat. Gregor, der erste Mönch auf dem Stuhl Petri, wächst an der Aufgabe heran zu Gregor dem Großen.

Nach dem erneuten Ausbruch der Pest glaubten die meisten in Rom, das Ende der Welt stehe unmittelbar bevor. Gregor selber hielt, anders als wir heute, die Pest für eine göttliche Strafe. Die ganze Stadt rief er zum Bußgang vor Santa Maria Maggiore zusammen. Als dort der neue Papst die Arme zum Himmel hob, sahen sie es alle, die Römerinnen und die Römer: Über dem Mausoleum Kaiser Hadrians erschien der Erzengel Michael. Das hoch erhobene Schwert des göttlichen Zorns steckte er in die Scheide zurück. Die verzweifelte Stadt schöpfte neuen Mut. Dem Grabmal Hadrians aber gaben die Römer den Namen, den es heute noch trägt: die „Engelsburg".

Die Hungersnot dagegen hielt Gregor nicht für ein göttliches, sondern für ein kriminelles Verhängnis.

Aus besseren Zeiten besaß Rom noch weite Latifundien in Sizilien. Doch das Getreide, das früher nach Rom geschifft wurde, diente inzwischen der Bereicherung örtlicher Beamter. Gregor setzte sie ab. Als neue Aufseher schickte er seine Mönche aus. Die setzten der Korruption in Sizilien ein Ende. Und so nahmen auch in Rom die Hungersnöte ein Ende.

Das Schlimmste waren die Langobarden. Von all den barbarischen Völkern, die Westeuropa verheerten, waren sie die brutalsten. Bedrohlich näherten sie sich Rom. Eine Weile behalf sich Gregor mit Schutzgeldzahlungen, welche die Langobarden umso lieber annahmen, als sie wussten, dass Rom schon von den Goten und den Vandalen verwüstet worden war und also nicht mehr viel zu plündern übrigblieb. Doch dann kam dem Papst ein epochaler Gedanke. Die beiden Könige der Langobarden, Authari und Agilulf, waren brutale Machtmenschen, auf die zuzugehen keinen Sinn hatte. Aber war da nicht noch jemand anders?

Theodolinde hieß die Königin der Langobarden und war sehr schön. Vor allem war Theodolinde intelligent. Unvergleichlich intelligenter als die beiden Brutalixe, mit denen sie nacheinander verheiratet war. Ihr war klar, dass ihr Volk keine Zukunft hatte, wenn es weiter mordend und plündernd durch Europa zog. Sie wollte, dass die Langobarden dort, wo sie jetzt waren, im Norden Italiens, heimisch würden. Anders als ihr Volk war sie bereits katholisch getauft. Sie suchte das Gespräch mit dem Papst. Der Papst seinerseits suchte das Gespräch mit ihr. In Konstantinopel hatte er die bittere Erfahrung gemacht, dass man sich am byzantinischen Hof für das Schicksal Roms nicht mehr besonders interessierte und militärischer Schutz durch den Kaiser nicht zu erwarten war.

Der Briefwechsel zwischen Gregor und Theodolinde ist erhalten. Er bleibt ein zeitloses Monument dafür, dass ein Mann und eine Frau zusammen die schlimmsten Probleme lösen können, vorausgesetzt, beide lassen ihre Intelligenz sprechen.

So gelingt Gregor ein Friedensvertrag mit den Langobarden, bei dem beide Seiten gewinnen. Die Lombardei wird, nach ihnen benannt, zur Heimat der Langobarden. Papst Gregors kirchenpolitischer Horizont aber weitet sich zum *grand design*. Ins gotische Spanien streckt er seine diplomatischen Fühler aus. Vor allem gehen seine Briefe nach Gallien zu den Franken.

In seinem römischen Hauskloster wählt er vierzig Mönche aus und gibt ihnen den Auftrag, England zu bekehren. Ausdrücklich verlangt er, dass sie zuerst die Sprache der Engländer lernen. Wo die Bekehrung gelingt, sollen sie heidnische Tempel nicht zerstören, sondern im Innern umgestalten zu christlichen Kirchen. Gregors England-Mission verläuft so verheißungsvoll, dass danach von England aus auch die Bekehrung der Deutschen beginnen kann.

Der protestantische Papsthistoriker Erich Caspar hat Gregor als die „Grenzgestalt" zwischen Antike und Mittelalter bezeichnet. Mit ihm endet die Antike, weil er sich notgedrungen abwendet vom alten römischen, byzantinisch verfremdeten Reich. Das Mittelalter beginnt, weil sich der Papst den eingewanderten germanischen Völkern zuwendet. Rom, eben noch abgesunken zu einem provinziellen Wurmfortsatz von Konstantinopel, wird aufsteigen zur *Mater et Magistra*, zur geistlichen Ordnungsmacht über den neuen westeuropäischen Staaten.

Vierzehn Jahre ist Gregor Papst gewesen. Unvergleichlich, was er in dieser kurzen Zeit seinem schwächlichen, schon bald auf den Tod kranken Körper abgerungen hat. Verändert hat sich dabei auch seine Lebenseinstellung. In seiner Jugend war er Mönch geworden, um sich von aller weltlichen Aktivität abzuwenden. Jetzt finden sich in seinen Schriften ganz andere Sätze, etwa dies: „Zu den Höhen der Kontemplation geht der Aufstieg über die Stufen der Aktivität."

In einem freilich ist Gregor dem Mönchtum treu geblieben. Vorrang vor jedem anderen Tun des Menschen hat für ihn, im Sinne des heiligen Benedikt, der Gottesdienst.

Den alten römischen Ritus hat Gregor restauriert als religiösen Staatsakt des Papsttums, römisch nüchtern und feierlich zugleich. Der Messe hat er jene klassische Struktur gegeben, die sich bis zum 2. Vatikanischen Konzil erhalten wird.

Ein rechter Christ, meinen manche, sei nur, wer genau so bete wie der Papst. Dieser Irrglaube stammt nicht von Gregor. Erst Karl der Große hat ihn, ein Jahrhundert später, in die Welt gesetzt. Der Franke wollte, dass in seinem Reich alle einheitlich beten. Das Messbuch Gregors des Großen hielt er für das ideale Instrument politischer Uniformierung.

Gregor selber hat anders gedacht. In einem erhaltenen Brief bittet er seine England-Missionare, sie sollten noch in Gallien, schon vor der Landung in England, erkunden, ob nicht manche Elemente des gallischen Ritus besser zu den Engländern passen als das römische Erbe.

In der Geschichte der Kirche hat es kaum eine schwerere Zeit gegeben als jene Jahre, in denen Gregor gelebt hat. Doch was uns als lebendige Erinnerung daran bleibt, ist eine Überfülle himmlisch leichter, paradiesisch schöner Melodien. Die „schönste Musik nächst dem Schweigen" ist der Gregorianische Choral.

Warum heißt er so? Darüber streiten die Gelehrten. Sicher ist der Choral älter, zugleich aber auch jünger als Gregor. Jahrhunderte schon vor diesem Papst war dies der Kultgesang der römischen Kirche. Mit einer Fülle von Melodien. Doch weil es noch keine Notenschrift gab, war es schwierig, die heiligen Gesänge unverfälscht weiterzugeben. Mit dem Niedergang Roms wurde das noch schwieriger. Obwohl ursprünglich das Volk mitsang und die schönsten Stücke dem Solisten vorbehalten waren, wurde der päpstliche Chor immer wichtiger: als der Ort, wo die Kenner und Könner der musikalischen Tradition unter sich waren. Persönlich hat Gregor die Chöre im Lateran und im Vatikan gefördert. In seinen letzten Jahren, als er bettlägerig war, hat er darauf bestanden, dass beide Chöre in seinem Krankenzimmer übten. Lange danach wurde noch der Stock gezeigt, mit dem der Papst auf die Sänger eindrosch, wenn auch nur ein einziger falscher Ton erklang.

Wahr ist anderseits, dass der Gregorianische Choral seine endgültige Form erst nach Gregor finden wird: in den blühenden Benediktiner-Abteien des Frankenreichs, in Metz und in Sankt Gallen. Dort auch ist die Legende entstanden, Gregor habe nicht selber komponiert, vielmehr habe sich die Taube des Heiligen Geistes auf seine Schulter gesetzt und ihm die wundersamen gregorianischen Melodien ins Ohr gesungen.

III. Himmlische Momente des katholischen Mittelalters

Bruder Franz und Schwester Armut

Worin wir lernen, unsere Vorurteile gegen die Heilige Inquisition zu überwinden.

Gibt es etwas Traurigeres, meine Schwestern und Brüder, als wenn Christen sich streiten um Hab und Gut? Gibt es etwas Beschämenderes als den Hader in der Gemeinde, wenn einer reicher sein will als der andere?

Ja. Schlimmer noch, viel schlimmer wird der Streit, wenn ein Christ *ärmer* sein will als der andere. Wenn keiner mehr dem anderen die Armut gönnen mag. Höret die Geschichte vom großen „Armutsstreit", der ein Jahrhundert lang die Christenheit so erschüttert hat, dass sich zum Schluss die Frömmsten gegenseitig qualvoll ums Leben brachten.

Schuld an allem war der heilige Franziskus. Wohl ist der Poverello hoch zu preisen für seine inbrünstige Liebe zur heiligen „Schwester Armut". Für etwas anderes aber müssen wir Franziskus tadeln. Als er im Jahre 1209 eine begeisterte Schar gleichgesinnter Brüder um sich sammelte, unterließ er es, in der neuen Gemeinschaft für Ordnung zu sorgen.

Statt sich den Kopf zu zerbrechen über so uner-
quickliche Fragen wie Organisation und Programm,
verlor der heilige Franz seine Zeit mit schönen Visionen und Ekstasen.

Wie so ganz anders war da doch der heilige Dominikus. Zu gleicher Zeit wie der heilige Franziskus
hat auch er einen Orden gegründet, sogar einen
ganz ähnlichen. Doch war der heilige Dominikus
klug genug zu wissen, dass eine Ordensgründung
nur gelingt, wenn der Stifter ganz klar, nüchtern
und wirklichkeitsnah zu Werke geht. Zu keiner einzigen Vision hat er sich hinreißen lassen, der heilige
Dominikus. Mit christlicher Nüchternheit hat er von
morgens bis abends nichts als Arbeit zugewiesen,
Ämter verteilt, Regeln aufgestellt. So ausgezeichnet
organisiert war der Dominikanerorden beim Tode
des Stifters, dass er, frei von inneren Problemen,
alsbald im Dienst der Päpste eine Fülle hoher Ämter
übernehmen konnte, ja schließlich sogar das
höchste Amt nächst dem Stuhl Petri. Wir nennen es
heute die heilige Glaubenskongregation. Damals
nannten wir es noch die Heilige Inquisition.

Während so die Söhne des heiligen Dominikus,
dank guter Organisation, eine verantwortungsvolle
Aufgabe übernahmen, boten zu gleicher Zeit die Söhne
des heiligen Franz der Welt ein beschämendes Bild
anarchistischer Verwirrung. Das Traurigste an dem
Streit in Assisi war, dass er einem Wort Jesu Christi

galt. Lukas 9. Kapitel, 3. Vers: „In illo tempore", sprach Jesus zu seinen Jüngern: „Nichts führet bei euch, weder Stab noch Tasche, weder Brot noch Geld."

Wie ist das zu verstehen? Als wörtliche Anweisung, wortwörtlich gar? Oder nur symbolisch, im Sinne einer inneren, geistigen Einstellung, so wie der Herr selber es anzudeuten scheint, wenn er nicht „Selig die Armen" sagt, sondern – Matthäus 5. Kapitel, 3. Vers: „Selig die Armen im Geiste"?

Der eigensinnige Bruder Georg von Neapel, der hitzköpfige Bruder Matthäus von Narni, besonders der vorlaute Bruder Johann von der Kapelle – jeder unter den ersten Brüdern in Assisi wusste es besser als der andere, jeder hielt sich für den einzig wahren Armen. Den heiligen Franz selber fragen konnte man nicht, er war abgesegelt nach Ägypten, um dort den Sultan zu bekehren.

Als der Höllenstreit um die Armut in Assisi nicht einmal mehr am Nil zu überhören war, kehrte Franz überstürzt zurück, sah nun wohl ein, dass er etwas falsch gemacht hatte, und versuchte, dem heiligen Dominikus nacheifernd, seine Gemeinschaft endlich ernsthaft zu organisieren. Aber es war zu spät. Der Wurm war drin im Franziskanerorden, die beiden Regeln von 1219 und 1223 stifteten nur neue Verwirrung, und als der heilige Franziskus im Jahr 1226 starb, zerbrach seine Brüderschaft in zwei einander gnadenlos bekämpfende Fraktionen.

Auf der einen Seite die Realos, die nur arm sein wollten im Geiste, nicht in der Materie. Das war die „Fortschrittspartei" um Bruder Elias. Auf der anderen Seite die Fundis um Bruder Cäsarius von Speyer mit der beachtenswerten These, entweder sei ein Mönch arm in der Materie oder er sei reich. Nicht zu vergessen der heilige Antonius von Padua, der zwischen den beiden streitenden Lagern zu vermitteln suchte und deshalb von beiden die schlimmsten Prügel bekam. Die einzigen, die gar nichts taten, sondern einfach nur kopfschüttelnd zusahen, waren die Dominikaner oder, wie sie nun immer häufiger genannt wurden, die Ehrenwürdigen Väter von der Heiligen Inquisition.

Zuerst schienen die Realos um Bruder Elias zu siegen. Kein Wunder, hatten sie doch für sich die fürchtenswerte Macht des Geldes. Aus dem prallen Säckel von Bruder Elias ist zum Beispiel die wunderschöne Basilika von Assisi bezahlt worden. Dann aber, unter Bruder Johann von Parma, triumphierten die Fundis. Kein Wunder, hatten sie doch für sich die einzige Waffe, die noch fürchtenswerter ist als das Geld, die moralische Empörung. Und je länger der Streit ins Land ging, von Jahrzehnt zu Jahrzehnt, desto mehr vergaßen beide Fraktionen, worum es eigentlich ging.

Ursprünglich hatte man sich noch um relativ sachliche Fragen gestritten, zum Beispiel ob Arbeiten der wahre Ausdruck der Armut sei oder Betteln, ob der Franziskanerorden Weinberge besitzen, ob er Vermächtnisse annehmen dürfe. Als aber das 14. Jahrhundert begann, wandte sich der Streit einem ungleich modischeren Thema zu: Spieglein, Spieglein an der Wand, wer ist der Ärmste im ganzen Land?

Woran kann man *sehen*, welcher unter den Brüdern der ärmste ist? Der heilige Franz hatte für seinen Orden gar keine Mönchskutte gewollt. Ihm genügte das Alltagskleid der armen Leute in der Toskana, ein brauner Rock. Seinen Jüngern aber gelang es, diese Nicht-Kutte wiederum zur Kutte zu stilisieren, indem sie sie, nach Art der Benediktiner, bis zu den Knöcheln hinab verlängerten und mit einer spitzen, ehrfurchtgebietenden Kapuze versahen.

Jetzt plötzlich stellten die Fundis diese mühselig errungene Kleiderordnung im Franziskanerorden wieder in Frage. Die Armut eines Mönchs, behaupteten sie, sei daran zu erkennen, dass er seinen Rock kürzer trage als andere Mönche.

Midi statt Maxi. Diese neue religiöse Mode war gefährlich. Genügte es nämlich, seine Kutte beliebig zu kürzen, um andere Mönche an Armut zu übertrumpfen, so war nicht einzusehen, warum der Trend an den Waden, ja an den Knien haltmachen sollte. Eine kleine, radikale Minderheit von Franziskanern, Fratizellen genannt, erkühnte sich zum Mini. Auf kirchenlateinisch gesagt: Die Mönchskutte wurde modisch gekürzt „usque ad nates – bis zu den Arschbacken".

Bisher hatten die Dominikaner nur kopfschüttelnd zugesehen. Jetzt mussten sie, so leid es ihnen tat, eingreifen. Als erste Warnung für alle anderen Wirrköpfe im Orden des heiligen Franz verbrannten die Dominikaner 114 Mini-Franziskanerchen auf dem Scheiterhaufen der Heiligen Inquisition.

Laut regte sich jetzt im Franziskanerorden die schweigende Mehrheit. War es nicht eine unerträgliche Schande, dass die Dominikaner bei den Franziskanern Ordnung machen mussten? „Ordnung machen, das können wir selber!" 1316, auf dem Generalkapitel in Neapel, wählte die schweigende Mehrheit der Franziskaner einen starken Mann als Ordensgeneral: Michael von Cesena.

Bruder Michael machte Ordnung nach dem ältesten Rezept der Welt: Nach innen handelte er reaktionär, nach außen redete er progressiv. Während er also mit eiserner Faust im ganzen Franziskanerorden die Maxi-Mode wiederherstellte, ja eigenhändig in Marseille die letzten vier Mini-Franziskaner den Dominikanern auf den Scheiterhaufen lieferte, spielte Michael von Cesena nach außen den begeisterten Fundi.

Anlass bot ihm der „theoretische Armutsstreit", der in der Provence zwischen Franziskanern und Dominikanern ausgebrochen war. Ein radikaler Franziskaner, Berengarius von Perpignan, hatte dort die Gläubigen aufgewiegelt mit der irren Behauptung, Jesus und die Apostel hätten „kein Portemonnaie gehabt" („non habuisse loculos"). Der Inquisitor der Narbonne, der Dominikaner Johannes von Belna, stellte ganz nüchtern und sachlich richtig, dass der Heiland sehr wohl ein Portemonnaie gehabt habe. Statt sich zu fügen, machte der Franziskaner daraus einen Grundsatzstreit: Dass Jesus Christus und die Apostel weder Geld noch Gut besaßen, sei „dogma sanum et catholicum – gesundes katholisches Dogma".

Dieser vermessene kleine Provinz-Franziskaner war noch gar nicht verbrannt, da ließ sich der Ordensgeneral hinreißen zu einem Schritt von selbstmörderischer Verblendung. 1322, auf dem Generalkapitel der Franziskaner in Perugia, ließ er das neue *dogma sanum et catholicum* einstimmig und feierlich vom ganzen Orden beschließen.

Jetzt war der Papst herausgefordert. Selbst in der Schwäche seines Exils zu Avignon konnte Johannes XXII unmöglich zulassen, dass der Franziskanerorden an seiner Stelle Dogmen proklamierte. Zuerst bestellte der Papst bei einem der berühmtesten Theologen des Dominikanerordens, bei Magister Herveus, ein theologisches Gutachten, in dem zweifelsfrei bewiesen wurde, dass Jesus Christus nicht nur ein Portemonnaie besaß, sondern sogar auch in Immobiliengeschäften tätig war.

Heißt es nicht zum Beispiel bei Markus im 2. Kapitel 1. Vers, dass Jesus, obwohl er selber in Nazareth wohnte, in Kapharnaum „in seinem Haus" aufgetaucht sei? Hausbesitzer Jesus. Plötzlich verstehen wir, warum der Heiland soviel unterwegs war. Wie jeder verantwortungsvolle Immobilienbesitzer musste Jesus Christus überall selbst nach dem Rechten sehen.

Gestützt auf diese gesicherte Erkenntnis, fällte Johannes XXII am 12. November 1323 in dem Sendschreiben „Cum inter nonnullos" die unfehlbare Entscheidung: „Anathema sit – Wer hartnäckig behauptet, Jesus Christus und die Apostel hätten weder Geld noch Gut besessen, der sei im Banne und er sei verflucht."

Zu dieser unfehlbaren Entscheidung ist der persönliche Auftritt Michaels von Cesena vor Papst Johannes XXII nur ein beschämendes Nachspiel. Fünf Jahre lang hatte der verstockte Franziskanergeneral sich geweigert, seinen Irrtum einzusehen. Auch am 9. April 1328, zu Füßen des päpstlichen Throns, zeigte er keine Reue. Im Gegenteil, er schrie dem Heiligen Vater ins Gesicht, von einem Papst, der 25 Millionen Golddukaten in die eigene Tasche gewirtschaftet habe, sei in Sachen Armut keine gerechte Entscheidung zu erwarten. Laut päpstlichem Protokoll verlor in diesem Augenblick leider auch der Heilige Vater selbst die Nerven. „Heu te temerarium, insanum, haereticum! ", schrie er den Franziskaner an. „Du unverschämter Spinner und Ketzer", „eheu te serpentem in sinu Ecclesiae nutritum – du Schlange am Busen der Kirche! "

Liebe Christinnen und Christen! Brauche ich lange zu erzählen, wie dieser unselige Franziskaner auf der abschüssigen Bahn der Ketzerei in immer tiefere Schande fiel? Wie er feige aus Avignon floh, noch bevor die Ehrwürdigen Väter Dominikaner ihn an seinem Maxirock packen und ihn verbrennen konnten? Wie er nach Rom floh und dort einen gütigen, alten, weltfremden Ordensbruder, Petrus von Corbario, frevelhaft dazu überredete, sich zum Gegenpapst aufrufen zu lassen? Wie er später vor dem gerechten Zorn des wahren Papstes zum Kaiser floh? Wie er, der verblendete Armutsapostel, sich ganz zum Schluss in München noch, ob ihr's glaubt oder nicht, verstrickt hat in schmierige, schmutzige Geldgeschäfte?

Nein, wir wollen den ketzerischen Franziskaner nicht verurteilen. Aber wir wollen ihn vergessen. Allezeit ins Gedächtnis geschrieben sei uns dagegen das *dogma sanum et catholicum*, das die Ehrwürdigen Väter Dominikaner von der Heiligen Inquisition für uns erdacht haben und das Papst Johannes XXII aus Avignon unfehlbar verkündet hat: Besitz und Eigentum sind etwas Köstliches, und Geld im Portemonnaie zu haben, ein Segen Gottes.

Johannes Calvin
und Schwester Reichtum

Worin wir lernen, unsere Vorurteile gegen die Schweiz abzubauen.

„Bevor ich nach Genf kam", sagte auf seinem Totenbett der Reformator Johannes Calvin, „bevor ich nach Genf kam, war da so gut wie nichts." „... il n´y avait quasi comme rien." Das ist, auch wenn es nicht so klingt, ein Understatement. Bevor Calvin nach Genf kam, herrschte dort Chaos.

Nicht aus religiösem Eifer waren die Genfer protestantisch geworden. Es ging ihnen darum, zwei Tyrannen loszuwerden: ihren Bischof und den Herzog von Savoyen. Das konnten sie nur im Bündnis mit der militärisch mächtigen eidgenössischen Stadt Bern. Leurs Excellences Messieurs de Berne, den Gnädigen Herren von Bern zum Gefallen schworen die Genfer dem Papst ab, aus Liebe zum Evangelium nicht.

Keineswegs aber hatten sie damit gerechnet, dass jetzt in ihrer kleinen, papstfreien Republik alle Spinner Frankreichs, Spaniens und Italiens zusammenströmen würden. Und alles Lumpenpack dazu. Die wenigen Prediger, die versuchten, in Genf so etwas wie protestantische Moral und Ordnung durchzusetzen, wurden bis in die Kirchen hinein verlacht und beschimpft. Unter den verstörten Genferinnen und Genfern aber nahm die Ansicht zu, die katholische Kirche sei zwar schlimm gewesen, aber lange nicht so schlimm wie das, was nachher kam. Schon durfte der Bischof auf Rückkehr hoffen. Da ging im Juli 1536 jäh von Mund zu Mund die Kunde: „Jean Calvin est arrivé."

Es war der reine Zufall. Johannes Calvin, mit 27 Jahren schon der führende Kopf der französischen Protestanten, hatte aus dem Exil in Basel seine katholische Familie in der Picardie besucht. Er sollte sein Vaterland nie wiedersehen. Schon die Rückreise nach Basel erwies sich als so gefährlich, dass er einen weiten Bogen nach Süden schlagen musste. So verschlug es ihn nach Lyon und von dort nach Genf. Unter einem Decknamen, wie in Frankreich, stieg er in Genf ab. Nicht länger als eine Nacht wollte er bleiben.

Doch er wird erkannt. Auf der Stelle eilt Guillaume Farel, von Berns Gnaden Prediger in Genf, in die Herberge. Er beschwört den anonymen Gast zu bleiben. Er, Calvin, sei der Einzige, der die protestantische Sache in Genf retten könne.

Kein Wort kommt in Calvins Schriften so oft vor wie das Wort „Angst". Völlig ungeeignet sei er für so etwas, hält er Farel entgegen. Bücher schreiben, das sei das Einzige, was einer wie er könne, „un pauvre écolier timide", „ein armer, schüchterner

Gelehrter". Als Schriftsteller in Basel wolle er sein Leben verbringen. Wie sein Vorbild Erasmus.

Draußen vor der Herberge randaliert, immer wilder, die verwahrloste Genfer Jugend. Drinnen packt Johannes Calvin seine Sachen. Nichts wie weg nach Basel! Da steigert sich Guillaume Farel in maßlosen Zorn: „Wenn du nicht hierbleibst in Genf, werde ich dich verfluchen im Namen des Allmächtigen Gottes."

Dies ist der Augenblick der Berufung. Der „pauvre écolier timide" tritt an als Reformator Genfs. Aus der verwahrlosten Stadt macht er einen musterhaften protestantischen Gottesstaat. Mit Null-Toleranz für Katholiken, Null-Toleranz für Freigeister, Null-Toleranz für die kleinsten Verbrecher. Sogar ein kleines Mädchen hat Calvin hinrichten lassen, allen Kindern Genfs zur Warnung, nur weil das Mädchen durch die Stadt gerannt war und überall geschrien hatte: „Meine Mutter ist eine Hexe!"

Zu gleicher Zeit schenkt Calvin der Stadt Genf Gesetze, die sie zum Vorbild jeder modernen Demokratie machen. Genfs Handel, Genfs Fabriken entwickeln sich unter Jean Calvin zu einer new economy, aus der, nach dem gewichtigen Urteil Max Webers, die gesamte Wirtschaft des modernen Westens hervorgehen wird.

Ein protestantischer Ajatollah und ein Pionier der Moderne: Wie fügt sich das zusammen? Logisch fügt es sich nicht. Aber es fügt sich zusammen im Charakter Johannes Calvins.

Auch Luther war ein Fundamentalist. Er wollte zurück ins erste Christentum. Johannes Calvin will viel weiter zurück. Wenn er in seinen Predigten „die Heiligen" preist, dann meint er damit stets die Propheten des Alten Testaments. Sie sind seine Vorbilder.

In Frankreich bekanntgeworden war er durch sein „Lehrbuch des Christentums" – „Institutio religionis christianae" –, das er in Basel veröffentlicht hatte, ein Jahr vor seiner Ankunft in Genf. Stärker als der Inhalt hat das Vorwort die Franzosen bewegt. Unter dem Datum des 23. August 1535 widmet Calvin dieses protestantische Glaubensbuch ausgerechnet dem Verfolger der Protestanten, König Franz I von Frankreich. Ein 26-jähriger Protestant spricht mit seinem König, wie der Prophet Jeremias mit den Königen Israels gesprochen hat: „Sire, wer nicht regiert, um Gott zu dienen, der ist kein König, sondern ein Brigant."

Wohl bringt Calvin der Stadt Genf die Gesetze einer modernen Republik. Aber er tut es mit einer Autorität, als wäre er Moses, der den Juden die Zehn Gebote bringt. Und wenn er auf der Kanzel von Sankt Peter in Genf steht, verkündet er den gleichen uralten Gott wie Hiob. Das ist ein Gott, der segnet, der aber auch verflucht.

Die katholische Kirche hatte den „lieben Gott" gepredigt. Wohl gibt es das Böse. Aber Gott will es nicht, er „lässt es nur zu". Wer Böses getan hat, kann jederzeit zurück zum lieben Gott. Durch die Beichte. Auch Luthers Töchter und Söhne haben einen lieben Gott. Jederzeit können sie zu ihm zurück. Durch die Reue. Daher vielleicht die besondere Neigung der Deutschen zur Reue.

Von derlei faulem Trost hält Johannes Calvin nichts. Sein Gott will das Gute. Doch Gott will auch das Böse. Sonst gäbe es das Böse nicht. Gott segnet und Gott verflucht – „obscuro consilio, in unerforschlichem Beschluss". Und manche von uns – „prédestination éternelle" – verflucht er in alle Ewigkeit.

So steinalt ist das Gottesbild Calvins. Doch zugleich vertritt er das neueste Menschenbild seiner Zeit. Der Humanist Erasmus ist sein Vorbild. Nur das neueste wissenschaftliche Denken ist ihm gut genug für seine „Académie de Genève". In den Schulen Genfs probt er, lange vor Jean-Jacques Rousseau, eine revolutionäre Pädagogik, die sich nicht mehr am Lehrer orientiert, sondern am Schüler.

Der alte Gott und der neue Mensch: Mitten im 16. Jahrhundert verkörpert Johannes Calvin in Person ein Gesetz, das erst die Psychologie des 20. Jahrhunderts entdecken wird. Es heißt „kognitive Dissonanz".

Die meisten Menschen wollen Harmonie. Besonders in der Religion. Leicht muss alles zusammenpassen. Gelegentlich aber gibt es einen Menschen, der an Gegensätzlichem festhält. Der nicht alles eiligst harmonisiert. Solche Menschen leiden an jener hohen Lebensangst, an der Calvin zweifellos gelitten hat. Dafür sind sie in unvorhersehbarer Weise schöpferisch. Aus der Lebensangst von Jean Calvin geht, unvorhergesehen, eine neue Art des Wirtschaftens hervor. In den Genfer Handelshäusern und Fabriken beginnt der sagenhafte finanzielle Aufstieg der protestantischen Welt.

Das liegt daran, dass zur antiken Religiosität Calvins auch die antike Askese gehört. „Askesis" heißt eigentlich Training. Askese ist die Kunst der Selbstbeherrschung. Ins katholische Christentum eingegangen ist die antike Askese als Mönchtum. Auch Calvin will die alte Askese. Als Protestant, als Republikaner aber will er sie neu. Protestantische Askese muss Askese für alle sein. Der richtige Ort dafür ist nicht das Kloster, sondern das Berufsleben. Seine Arbeit vorbildlich tun, sich selbst dabei unablässig verbessern, das ist calvinistische Askese.

Im Kloster war die Glocke das wichtigste Mittel mönchischer Askese. Streng teilte sie den Tag ein in Arbeit und Gebet. In Genfs asketischer Industrie braucht jetzt jeder protestantische Leistungsmönch seine eigene Glocke. Die *new economy* braucht eine *new technology*. Calvins Stadt wird zum blühenden Zentrum der Uhrenindustrie.

Dabei läge es doch vom Denken her nahe, dass Calvins Prädestinationslehre die Protestanten gelähmt hätte. Wenn alles vorherbestimmt ist, warum dann einen Finger regen? Paradoxerweise war das Gegenteil der Fall. Calvins Bruch mit der christlichen Flennerei zum lieben Gott hat einen Qualitätssprung an Erwachsenheit bewirkt. An Männlichkeit. In Genf zuerst, in Amsterdam, in London dann, in Boston, in New York sind Calvinisten die kühnsten Unternehmer.

Im französischen, später im englischen Heer sind sie die kühnsten Soldaten. Bei Frankreichs katholischen Damen gelten sie als die kühnsten Liebhaber. Mit den Worten des calvinistischen Poeten Conrad Ferdinand Meyer:

„In die Schule bin ich gangen
Bei dem Meister Hans Calvin,
Lehre hab ich dort empfangen:
Vorbestimmt ist alles ewighin!
Jeder volle Wurf im Würfelspiele,
Jeder Diebestritt auf Liebchens Diele,
Jeder Kuss – Schicksalsschluss!"

Unerschrocken aufgeräumt hat Johannes Calvin mit der franziskanischen Armuts-Romantik. Gott liebt die Armen nicht. Würde er sie lieben, so wären sie nicht arm. Denn das Geld, lehrt Calvin, ist ein Segen Gottes. Geld, wird sein Nachfolger, Theodor von Beza, die Genfer lehren, Geld ist sogar das eigentliche Zeichen der Prädestination zum ewigen Heil. Die protestantischen Handelsherren unter der Kanzel von Saint-Pierre haben das auf der Stelle geglaubt. So wandelt sich die „protestantische Ethik" zum „Geist des Kapitalismus."

Calvin selber lag die kapitalistische Vergötzung des Geldes gänzlich fern. Wohl preist er das Geld als göttlichen Segen. Aber mehr noch verdammt er die Dummheit und den Hochmut der Reichen. Und hat er auch den Armen den faulen Trost erspart, dass Gott sie besonders liebe, so hat er doch, ganz praktisch, dafür gewirkt, dass die Armut in Genf verschwand. Unter allen christlichen Klassikern ist Johannes Calvin der einzige, in dessen Predigten sich so etwas findet wie eine handfeste Theologie des Geldes.

Theologie des Geldes? Ist es nicht das, was unsere geldbesessene, geldgläubige, geldgierige Zeit aufs dringlichste braucht?

Und ich denke an die deutschen Protestanten. Alle halbe Jahre läuten sie ein neues Martin-Luther-Jahr ein – mit einem Glockengedröhn, das jede katholische Heiligenverehrung übertrifft. Aber Calvin? Calvin, ohne dessen Zutun, nach Max Webers Urteil, das Luthertum auch in Deutschland untergegangen wäre? Als hätte er nicht gelebt, so vollständig blenden die deutschen Protestanten Johannes Calvin heute aus. Woran das liegen mag?

Als Katholik erlaube ich mir eine ökumenische Vermutung: Unsere evangelischen Schwestern und Brüder sind genauso kindisch geworden wie wir. Statt die Wirklichkeit zu sehen, denken sie sich, so illusionär wie wir, den lieben Gott und die liebe Welt liebevoll zurecht. So feig wie wir sind sie bedacht auf Anschluss und auf Anpassung, auf vorschnelle Harmonie mit jeder Correctness der Welt.

Johannes Calvin ist das Modell einer erwachsenen Religiosität. Calvinismus, liebe Töchter und Söhne Martin Luthers, wäre das Gegenteil von dem, was ihr zurzeit treibt.

Rechnen konnte Luther nicht

Worin wir lernen, wie der Bettelmönch Martin zum reichsten Mann von Wittenberg wurde.

Millionär Martin Luther. Martin Luther Millionär? Wer mag das glauben? Und doch ist es historische Tatsache. Aus den Forschungen des evangelischen Theologen Martin Treu geht zuverlässig hervor, dass der Reformator in seinen letzten Lebensjahren „einer der reichsten Männer von Wittenberg" geworden war. Bei seinem Tod hinterließ er Grundstücke, Häuser, silberne Pokale, goldene Schmuckstücke und Medaillen im Wert von insgesamt 9 000 Gulden. Das sind, umgerechnet in Euro, etwa drei Millionen.

Multimillionär Martin Luther! So wird sie zu Ende gehen, die Geschichte von Luther und dem Geld. Aber begonnen hat sie radikal anders. Mit jener Aufwallung des Zorns, für die es nur *einen* biblischen Vergleich gibt: Eine Peitsche, berichtet der Evangelist Johannes, nahm Jesus und hat sie, die Geschäftemacher alle, aus dem Tempel Gottes gejagt. So leidenschaftlich war auch Luthers Zorn über den Ablassprediger Johannes Tetzel und seine skandalösen Sprüche: „Wenn das Geld im Kasten klingt, die Seele in den Himmel springt."

Dabei hatten Luther und Tetzel durchaus etwas gemein. Beide waren Bettelmönche. Bettelmönch aus dem Bettelorden der Augustiner war Luther, Bettelmönch aus dem Bettelorden der Dominikaner war Tetzel. Bettelmönch gegen Bettelmönch im Streit über Gott und das Geld.

Die evangelische Polemik hat aus dem Ablassprediger Tetzel einen mittelalterlichen Finsterling gemacht. Auch im ökumenischen Bilderbuch steht er heute am Pranger als der eigentlich Schuldige an der Spaltung der Christen.

In Wirklichkeit war Tetzel alles andere als ein mittelalterlicher Bösewicht. Wie er mit prächtigem Gefolge von Stadt zu Stadt fuhr, überall mit Glockengeläut jubelnd empfangen, wie er aufdringliche Seelenmassage mit raffinierten Finanztechniken zu kombinieren wusste, war Tetzel eher ein katholischer Vorläufer der modernen evangelischen Fernseh-Prediger in Amerika. Luther hat ihn als „Hans Wurst" verspottet. „Hanswurst" ist das alte deutsche Wort für jene, die sich heute lieber „Comedians" nennen. Sein Ablass, brüstete sich Tetzel, wirke so stark, dass selbst einer, der die Jungfrau Maria vergewaltigt hätte, dank seinem Ablasszettel in den Himmel käme. Und die blödsinnige Menge lachte ihm zu, wie sie heute den Comedians zulacht. Nein, eine mittelalterliche Figur war der Ablassprediger Tetzel nicht. Er war im Gegenteil, seiner Zeit voraus, der Archetyp des modernen Medienstars.

Martin Luther war das Gegenteil. Ähnlich wie zuvor in dem Florentiner Bußprediger Savonarola ist in Martin Luther der religiöse Ernst des Mittelalters noch einmal aufgestanden gegen die anbrechende Neuzeit. Nichts hatte er im Sinn als Gott, die Wahrheit und das Heil der Seele.

Spätes Mittelalter im Kampf gegen frühe Moderne. Gesiegt hat, wie zu erwarten, das Mittelalter. Luther hat gesiegt, weil es ihm gelang, gegen Tetzel die stärkste Waffe aufzubieten, die ein Mensch, nächst der körperlichen Gewalt, gegen einen anderen Menschen einsetzen kann. Das ist die moralische Empörung.

Was hätte Tetzel nicht alles Luther entgegenhalten können! Geld ist ja etwas Gutes, Geld ist so begehrenswert, dass die schlimmsten Sünden, die übelsten Verbrechen um des Geldes willen begangen werden. Und da will uns Luther weismachen, wir seien „sola Dei gratia" – gratis, ohne eigenes Zutun – von Sünden erlöst. Verlangt nicht der gesunde christliche Verstand, dass die Verbrechen, die um des Geldes willen begangen wurden, auch mit Geld gesühnt werden müssen?

Aber Tetzel kam nicht mehr zu Wort. Die moralische Empörung, die Luther ihm entgegenschleuderte, verschlug dem Ablassprediger die Sprache. Dann stellte auch der päpstliche Nuntius, Karl von Miltitz, weil er die Versöhnung mit Luther suchte,

Tetzel an den Pranger als kriminellen Scharlatan. Zutiefst deprimiert, vereinsamt, ruhmlos, ja zum Schluss, ob ihr´s glaubt oder nicht, verarmt, ist Tetzel 1522 im Dominikanerkloster Leipzig gestorben.

Verlierer Tetzel. Sieger Luther. Mit dem Sieg kam der Ruhm. Mit dem Ruhm kam das Geld. Es kam von selber. Berühmte Fernsehstars, Anwälte, Ärzte, Popsänger brauchen auch heute sich ums Geld nicht zu kümmern. Das Geld, hinter dem der Ruhmlose verzweifelt herhechelt, dem Berühmten fließt es von selber zu.

So war es auch bei Martin Luther. Als besonders spendable Gönner erwiesen sich seine sächsischen Landesherren. Das „Schwarze Kloster", das heutige „Lutherhaus", vermachte ihm Kurfürst Johann 1532 als persönliches Eigentum. Dazu, nebst vielen gelegentlichen Zuwendungen, einen jährlichen Ehrensold von 200, später 300 Gulden. Auch König Heinrich VIII. von England und König Christian II. von Dänemark sponserten den berühmten Reformator. Wohlhabende Bürger betrachteten es als Ehrensache, Luther nicht nur mit Gulden und Goldmedaillen, sondern auch mit silbernen Pokalen – damals ein beliebtes Ehrengeschenk – zu huldigen.

Aber Luther konnte mit Geld nicht umgehen. Nicht einmal rechnen konnte er. In der Lateinschule, die er daheim in Mansfeld besucht hatte, scheint Rechnen gar kein Fach gewesen zu sein. Er hat es auch später nicht gelernt. In jenen Abrechnungen, die von seiner Hand erhalten sind, fallen schon bei der simpelsten Addition die Fehler peinlich ins Auge.

Hart war Luther im theologischen Streit, auch gegen protestantische Gegner. Im alltäglichen Umgang dagegen war er gutmütig. Es konnte nicht lange dauern, bis er umgeben war von Leuten, die ihn ausnützten. Auch wenn nicht alle so kriminell waren wie die böse „Schwester Rosina", eine vorgebliche Ex-Nonne. Das grausame Leid, das ihr die Papisten zugefügt hätten, wusste „Schwester" Rosina so herzzerreißend zu schildern, dass das Geld wie von selber aus Luthers evangelischem Kasten sprang.

Er hatte keinen Sinn fürs Geld. Er konnte nicht einmal rechnen. Ausnützen ließ er sich. Warum ist Luther trotzdem Millionär geworden?

In manchen katholischen Orden, zum Beispiel bei den Dominikanern, ist es heute noch so: Die Nonnen sind ungleich geschäftstüchtiger, vermögender auch als die Mönche. Katharina von Bora, die ehemalige Zisterzienserin, die Luther 1525 heiratete, war der zeitlose Idealtyp der geschäftstüchtigen Klosterfrau. Jenes wirtschaftliche Talent, das ihm selber fehlte, seine Käthe hat es in die Ehe gebracht.

Rechtzeitig, bevor es ihm wieder zwischen den Händen zerrann, hat die Lutherin sein Geld in wertbeständige Immobilien angelegt, in Häuser und Grundstücke. Alles von ihr allein gemanagt, jedoch auf seinen Namen verbucht, denn verheiratete Frauen galten als nicht geschäftsfähig. Ein ganzes Gehöft, Pferde, Kühe, Kälber, Schweine schaffte sie an, baute einen Stall nach dem andern. Zuletzt baute sie noch ein Brauhaus. Die zahlreichen leerstehenden Mönchszellen des „Schwarzen Klosters" verwandelte sie in ein rentables Kosthaus für Studenten.

Zum Kosthaus für Studenten hinzu eine feine Absteige, ein Boutique-Hotel sozusagen, für anspruchsvolle evangelische Herrschaften, denen, wenn sie dem Reformator ihre Aufwartung machten, nicht zugemutet werden konnte, in einem windigen Wirtshaus zu übernachten.

Kosthaus, Hotel, Bauernhof, Brauerei. Nicht zu vergessen Luthers Sippe. Sechs Kinder hat sie selber Luther geschenkt, von denen fünf überlebten. Doch dann gerieten Luthers Vettern in Not, Luthers Schwestern starben früh. Ihre Kinder wurden alle, wie damals üblich, fortgeschickt zum reichsten Onkel. Der war ja ein berühmter Reformator. Nicht nur ihre fünf eigenen Kinder, elf weitere Luthersprösslinge, insgesamt sechzehn süße kleine Lutherchen hatte Katharina von Bora am Hals. Jeden Morgen stand sie um vier Uhr auf.

Und Martin Luther selbst? Was hat er selber beigetragen zu diesem blühenden Haushalt? „Der

Doktor", wie ihn seine Käthe respektvoll nannte, „der Doktor" hielt Reden. Luthers berühmte Tischreden „de omni re scibili et de quibusdam aliis – über alles Wißbare und noch einiges mehr". Doch so weit sein Geist bei Tisch schweift, zu *einem* Thema kehrt Luther stets zurück. Deutschlands Reformator verdammt das Geld und die Geldberufe. „Wucherer" und „Geldwänste" sind das für ihn, „aller Verfluchung würdig". In den „öffentlichen Bann" soll man sie tun, sie „ausschließen vom Sakrament". Um alles Geld riecht Luther einen wahren „Teufelsgestank".

„Ich bin eines Bauern Sohn", sagt er in seinen Tischreden. Obwohl das gar nicht stimmt. Als freischaffender Bergmann gehörte Luthers Vater zum frühindustriellen Prekariat. Allerdings lebten noch zu Luthers Zeit neun von zehn Deutschen in der Landwirtschaft. Im Bauern, der seinen Acker, wie es die Bibel gebietet, „im Schweiße seines Angesichts" bestellt, sieht Luther das Idealbild christlichen Lebens. Wer jedoch nicht mit dem Pflug wirtschaftet, sondern mit Geld, wer gar Zins zu nehmen wagt, der, so drückt es Luther aus, ist „schier so böse wie der Teufel selbst". Dass er in der beginnenden Geldwirtschaft der Neuzeit in einer völlig rückwärts gewandten, mittelalterlichen Wirtschaftsmoral verharrt, ist Luther nie bewusst geworden.

Wie so ganz anders waren die schweizerischen Reformatoren, Ulrich Zwingli und Johannes Calvin.

In radikalem Gegensatz zu Luther hat Calvin, hoch auf der Kanzel von Sankt Peter zu Genf, das Geld als Segen Gottes gepriesen, ja als irdisches Vorzeichen der ewigen Seligkeit. Zu Recht hat der Soziologe Max Weber in Jean Calvin den Propheten der modernen Geldwirtschaft gesehen. Noch weiter gegangen ist Leopold von Ranke. Er sah in Johannes Calvin den geistigen Stifter der USA, der mächtigsten modernen Wirtschaftsmacht. Fällt es nicht auf, dass die beiden kalvinistisch geprägten Länder, die Schweizerische Eidgenossenschaft und die Vereinigten Staaten von Amerika, so ungleich sie sonst sind, doch heute noch eines gemein haben: Mehr als andere sind Schweizer und Amerikaner mit Geld gesegnet.

Und die Deutschen?

Wohl jagen auch sie hinter dem Geld her. Aber sie haben dabei ein schlechtes Gewissen. Sprichwörtlich macht Geld sie „nicht glücklich". Im Grunde ihres Herzens halten die Deutschen Geld für etwas Schmieriges, Schmutziges, Böses.

So sind sie noch immer, die Deutschen. Echte Söhne Martin Luthers sind sie geblieben. Warum dann kommen manchmal auch Deutsche trotzdem zu Geld? Aus dem gleichen Grund, warum auch Martin Luther selbst als reicher Mann gestorben ist. Zwingli und Calvin hätten dafür kaum eine Erklärung gehabt. Sie findet sich aber in Luthers eigener Theologie:

„Sola Dei gratia"!

Nicht durch eigene Werke, nicht durch eigenes Verdienst, „durch Gottes Gnade allein" ist Martin Luther, einst ein bettelarmer Mönch, als Reformator Millionär geworden.

Der Computer des heiligen Dominikus

Worin wir lernen, digital zu beten.

Im heißen Wüstensand Ägyptens saß ums Jahr 300 der heilige Paul von Theben und ärgerte sich sehr. Den ganzen Tag hatte er unter einer Palme gesessen und gebetet. Jetzt aber, als die Nacht hereinbrach, wusste er nicht mehr, wieviel er gebetet hatte.

In aller Herrgottsfrühe hatte Paul sich vorgenommen, den Buß-Psalm Miserere dreihundertmal zu beten. Dann aber, als die Sonne glühend im Zenit stand über Ägypten, irgendwo zwischen dem hundertsten und dem zweihundertsten Mal, hatten sich im müden Kopf des heiligen Paul die Zahlen hoffnungslos verwirrt. Hatte er nicht genug gebetet oder im Gegenteil zu viel?

Der heilige Paul von Theben wird auch Ureinsiedler genannt. Wir wissen, dass er 113 Jahre alt geworden ist. Er war aber noch nicht einmal siebzig, da hatte er die große, leuchtende Idee. Statt im ersten Morgengrauen schon mit dem Beten anzufangen, machte Paul zuerst einmal einen Spaziergang zum nahen Wadi. Dort las er Kieselsteinchen zusammen, genau dreihundert an der Zahl. Dann erst setzte er sich unter seine Palme, begann seine Buß-Psalmen zu beten und, so schreibt es Sozomenos wörtlich, „καθ᾽ εκαστην ευχην ψηφιδα εκριπτει" –

„am Ende jedes Gebets nahm er ein Kieselsteinchen aus dem Sack und warf es weg in die Wüste".

Als die Abendsonne rot verglühte über der Wüste Ägyptens, war Ordnung gekommen in die Welt des Ureinsiedlers Paul. Genau dreihundertmal hatte er den Buß-Psalm Miserere gebetet. Kein einziges Mal weniger, kein einziges mehr.

Das ist die Gebetsmethode des heiligen Paul von Theben. Sie wirkt ein bisschen mühselig. Doch hat sie sich, wie so manches Mühselige, im Christentum erstaunlich lang gehalten. 700 Jahre müssen wir warten, bis wieder Bewegung kommt in diese beschauliche Angelegenheit.

Vielleicht ist es im Libanon gewesen, vielleicht in den Bergen Armeniens, jedenfalls an einer jener Straßen, wo die alte Religion, das Christentum, und die neue Religion, der Islam, einander begegnen. Da sitzt ums Jahr 1000 ein alter christlicher Pilgersmann und wirft nach der bewährten Methode des heiligen Paul von Zeit zu Zeit ein Kieselsteinchen in die Wüste. Kommt des Weges ein junger Pilgersmann, einer von der neuen Religion, ein Mohammedaner. Und es ist nicht irgendeiner, sondern ein besonders moderner, besonders fortschrittlicher Pilgersmann. Ein Sufi-Mystiker kommt des Wegs, bleibt vor dem alten Christen stehen und schüttelt fragend den Kopf: „Was machst du da, Bruder im Herrn?" – „Das siehst du doch", antwortet mürrisch der alte Christ und wirft wieder ein Kieselsteinchen in die Wüste, „ich bete." Wieder schüttelt der junge, flotte Sufi-Mystiker nur den Kopf: „Aber aber, Bruder im Herrn, so betet man doch heutzutage nicht mehr." – „Wie betet man denn heutzutage?", fragt misstrauisch der alte Christ. „Heutzutage", sagt der junge Sufi-Mystiker und greift triumphierend in seine Tasche, „heutzutage nimmt man zum Beten dies!" In den Händen eines Mohammedaners sieht um das Jahr 1000 zum ersten Mal ein Christ den Rosenkranz.

Noch gibt es den Ausdruck „Rosenkranz" nicht. Viel bezeichnender ist das erste Wort, das den Christen für die neue Schnur mit Knoten oder Perlen zum Zählen von Gebeten in den Sinn kommt. „Computum", sagt man im Abendland zuerst. „Computare" heißt auf lateinisch „berechnen". „Computum" heißt „Rechengerät". Nicht zufällig ist es das gleiche Wort, das heute wieder aus dem Englischen zu uns kommt. Der Rosenkranz ist der Computer des Mittelalters.

Dies ist ja die Zeit, in der die Christen rechnen lernen. Und alles, was sie lernen, lernen sie von den Arabern. Zum Beispiel jene Zahlen, die wir aus gutem Grund noch heute die „arabischen" nennen. Vor allen Dingen die Null und mit ihr das Dezimalsystem. Mit Dutzenden von anderen Techniken des Zählens und des Messens kommt zu uns aus dem Islam der Rosenkranz.

Die Sufi-Mystiker brauchten ein *computum* mit 99 Knoten oder Perlen, um beim Beten keinen der 99 „schönen Namen" Allahs zu vergessen. Aber erfunden haben sie den Rosenkranz nicht. Lange vor ihnen, etwa zu Beginn unserer Zeitrechnung, haben in Indien die Anhänger Shivas eine solche Gebetsschnur verwendet und sie, wie heute die Jünger Oshos, „mâlâ" genannt. „Mâlâ" heißt auf Deutsch „Kranz".

Es wird vermutet, dass dieser Kranz ursprünglich etwas weniger Harmloses gewesen ist als unser heutiger Rosenkranz. Shiva ist ja der Gott der Vernichtung. Zu seinen Attributen gehört eine Kette gebleichter Menschenschädel, die er, auf eine Schnur gereiht, um den Hals trägt. Ähnlich wie der katholische Priester am Altar das blutige Kreuzesopfer Jesu Christi unblutig wiederholt, mit Wein statt Blut, so haben wohl die ältesten indischen Rosenkranzbeter die blutigen Schädelopfer zu Ehren Shivas im Rosenkranzgebet unblutig wiederholt.

Aus diesen grausigen Anfängen im Shiva-Kult dringt der Rosenkranz langsam in den ungleich menschlicheren Kult Vishnus und von dort in den Buddhismus vom Großen Rad. „O du Kleinod im Schoße der Lotusblume." 108 Perlen und 108-mal: „Om mani padme hum!"

Wie so vieles Heilige, so hat wohl auch die heilige Zahl von 108 Perlen im buddhistischen Rosenkranz einen profanen Grund. Wenn ich von einem deutschen Obsthändler zwanzig Pflaumen will und er selber nicht sicher ist, ob er richtig gezählt hat, dann zählt er kein zweites Mal, sondern nimmt noch drei dazu und sagt: „Zwanzig und ein paar zerquetschte." Ähnlich die Rosenkranzanbeter der buddhistischen Frühzeit. Hundertmal wollten sie ihr „Om mani padme hum" gebetet haben. Da sie aber nie ganz sicher waren, ob ihnen nicht die eine oder andere Perle unbeachtet durch die Finger geglitten war, so beteten sie zur Sicherheit 108 – „hundert und ein paar zerquetschte".

Samt der heiligen Zahl 108 überquert der buddhistische Rosenkranz den Himalaya und erobert zuerst Tibet, dann China. Noch ahnt kein Christ etwas vom Rosenkranz, da ist es unter frommen Japanern bereits üblich, wie heute bei uns in katholischen Familien, dem verstorbenen Angehörigen den Rosenkranz mit ins Grab zu geben.

So ist das Christentum unter den Hochreligionen die letzte, die den Rosenkranz übernehmen wird. Dass er trotzdem bei uns seine höchste Blüte erlebt, sowohl in der Technik wie in der Mystik des Gebets, liegt an einem aberwitzigen Zufall. Wenn eine Frau schwanger geht, weiß man nie, was dabei herauskommt. Manchmal sind es sogar Zwillinge. Wenn eine Religion schwanger geht, ist es das gleiche. Zu Beginn des 13. Jahrhunderts bekam die Katholische

Kirche plötzlich Zwillinge. Aus der gleichen religiösen Bewegung heraus, der „Armutsbewegung", wurden zu gleicher Zeit zwei gleiche Orden gegründet: die Franziskaner und die Dominikaner. Auf der Stelle gerieten die beiden Orden, nach Art von Zwillingen, in erbitterte Konkurrenz.

Dabei hatten die Franziskaner eine unverschämte Vorgabe. Wie der Name sagt, hatten sie den heiligen Franz. So populär war der Heilige aus Assisi, dass man ihn, auf lateinisch, „alter Christus" nannte – „Christus unserer Zeit".

Wer ist dagegen der heilige Dominikus? Tja. Das weiß noch heute niemand so recht. Sehr im Unterschied zu Franziskus war der Stifter des Dominikanerordens zu Lebzeiten jedem Personenkult abhold. Das ehrt ihn, doch das wurde jetzt, nach seinem Tod, für seinen Orden in der täglichen Konkurrenz mit den Franziskanern zum unerträglichen Handicap.

Und dann die große, rettende Idee: Der heilige Franz hat gewiss erstaunliche Wunder gewirkt. Aber der heilige Dominikus hat etwas noch viel Staunenswerteres getan. Wusstet ihr es nicht? Der heilige Dominikus hat den Rosenkranz erfunden. Jaja.

Das ist die Legende, die noch heute in abertausend Kirchen über dem Rosenkranzaltar zu sehen ist. In seiner schwarzweißen Kutte hebt der heilige

Dominikus flehend die Hand zum Himmel; durch die Wolken senkt die Gottesmutter huldvoll ihre Hand herab und schenkt ihm den Rosenkranz.

„Gott", sagt Paul Claudel, „schreibt auch auf krummen Zeilen gerade." Der fromme Schwindel, mit dem sich die Dominikaner gegen die Popularität des heiligen Franz zu helfen suchten, erwies sich als eine Fügung der Vorhersehung.

Im Christentum war der Rosenkranz bis dahin eine Gebetsmethode für Analphabeten gewesen. Nur so ist zum Beispiel zu erklären, dass der christliche Rosenkranz sich gliedert in dreimal fünfzig Ave Maria. In den Klosterkirchen sangen nämlich gebildete Mönche den Psalter Davids mit dreimal fünfzig Psalmen. Die ungebildeten „Laienbrüder" – und mit ihnen das genauso analphabetische Volk – sangen derweil das *computum*, um wenigstens diese heilige Zahl 150 abzubeten: 150 Vaterunser zuerst, später 150 Ave Maria.

Vieles deutet auch darauf hin, dass es bei uns so war wie heute noch in Indien, wo es Rosenkränze für alle abergläubischen Bedürfnisse des Alltags gibt: Rosenkränze zur Schlangenbeschwörung, Rosenkränze zum Schlankwerden, Rosenkränze gegen Impotenz.

Jetzt aber, mit dem Dominikanerorden, übernimmt im Christentum eine hochkirchliche Institution dieses etwas allzu volksfromme Zählwerk. Die

Dominikaner sind der intellektuelle Orden des Mittelalters. In den rheinischen Klöstern dieses Ordens, von Konstanz über Kolmar bis Köln, wird aus dem schlichten *computum* die große, klassische Mantra-Meditation des Westens. Das ist der „Rosenkranz Unserer Lieben Frau".

Wie in den Mantra-Meditationen des Ostens geht es auch in diesem westlichen Gebet zuerst darum, zur inneren Ruhe zu finden. Der Mensch ist aber kein Engel, sondern ein körperliches Wesen, verwandt mit Katz und Hund. Deshalb findet der Mensch am leichtesten zu sich selbst, wenn er den schweifenden Geist zurückholt in den Körper. Es kennzeichnet die gesunde Körperlichkeit, dass sie dem Gesetz der Wiederholung folgt. Wir atmen in unablässiger Wiederholung, und unser Herz schlägt unablässig gleich. In der rhythmischen Wiederholung des Mantra kehrt der Rosenkranzbeter zurück in das Gesetz seines Körpers. Zugleich erlebt er das Gesetz der Gestirne, der Musik, der Erotik und der Poesie: „Wenn im Unendlichen dasselbe sich wiederholend ewig fließt ...", so umschreibt Goethe seine höchste religiöse Erfahrung.

Aber der Rosenkranz Unserer Lieben Frau ist ein westliches Gebet. Während seine Vorbilder, die Rosenkränze des Ostens, sich im Erlebnis der Wiederholung vollenden, verbindet dieser Rosenkranz, der westlichen Mentalität entsprechend, die Mystik der

Wiederholung mit einem konträren Element des rasch fortschreitenden Wandels.

Es genügt, einen buddhistischen Rosenkranz neben einen dominikanischen zu legen. Auf den ersten Blick fällt auf, dass die Gebetsschnur des Westens, anders als die östliche, in sich gegliedert ist. Jeweils auf zehn kleine Perlen folgt, durch die Verknotung deutlich abgesetzt, eine große Perle. Entsprechend wird, jeweils nach zehn Ave Maria, die rhythmische Wiederholung unterbrochen durch ein Vaterunser. „A set of beads" nennt man im Englischen einen solchen Abschnitt. Im Deutschen hat sich das gleiche Wort erhalten: Zehn Ave Maria und ein Vaterunser sind ein „Gesätz".

Jedem der fünfzehn Gesätze haben die Dominikaner, in zügigem, theatralischem Wechsel, ein eigenes Meditationsbild zugeordnet, ein so genanntes Geheimnis. Es handelt sich um die fünfzehn stärksten Bilder aus den großen Mysterienspielen des Mittelalters, zum Beispiel die Verkündigung in Nazareth, die Kreuzigung oder die Auferstehung. Während also der westliche Beter sich – einerseits – dem Erlebnis der Wiederholung überlässt, genauso wie der Buddhist oder der Hindu, schreitet – andererseits – seine religiöse Phantasie mit den fünfzehn Meditationsbildern im raschen Wechsel voran.

Aber ich habe vergessen zu berichten, woher unser Wort „Rosenkranz" kommt. Es stammt aus der deutschen Erotik des 15. Jahrhunderts. Damals war es unter Verliebten üblich, sich Kränze von Rosen zu schenken. Das hat im Konstanzer Dominikanerkloster den Mystiker Heinrich Suso auf den Gedanken gebracht, Maria einen Kranz aus 150 Rosen zu winden. Aus 150 Ave Maria.

Es ist das Paradox der Liebe, das die beiden konträren Elemente des westlichen Rosenkranzes – Wiederholung und Wechsel – mystisch ineinanderfallen lässt. Lacordaire, ein bedeutender französischer Dominikaner des 19. Jahrhunderts, hat das so formuliert: „L'amour n'a qu'un mot, et en le disant toujours, il ne se répète jamais."

Die Liebe sagt immerzu das gleiche. Und doch wiederholt sie sich nie.

Wie der kleine Knabe Heinrich Seuse ein großer Mystiker wurde

Worin wir den himmlischen Patron der LGBTX-Christ*innen lieben lernen.

Anno 1308 ist in Konstanz etwas passiert, was ganz und gar nicht normal war. Was eigentlich erst im 21. Jahrhundert hätte passieren dürfen. Ein 13-jähriger Bub namens Heinrich gab bekannt, dass er hinfort nicht mehr wie sein Vater heißen wolle, nicht mehr von Berg. Dabei war das kein schlechter Name. Die Herren von Berg waren Adelige. Ihre Burg lag, südlich vom Bodensee, im Thurgau. Inzwischen aber waren sie in die Stadt Konstanz gezogen. Als Geschäftsmann war sein Vater dort zu viel Geld gekommen. Warum dann wollte der 13-Jährige nicht mehr so heißen wie sein Vater?

Weil der kleine Heinrich nicht so werden wollte wie sein Vater. Der war ein Mann, der sich durchzusetzen wusste. Ein „zünftiges Mannsbild" nennt man so einen in Konstanz. Ein „he-man" würden andere sagen. Seine Fähigkeit, sich durchzusetzen, ging jedoch auf Kosten seiner Frau. Die war vollständig anders: milde, gütig, gläubig, fromm. Von Frömmigkeit aber hielt der alte von Berg so wenig, dass er seine Frau immerzu verspottete und plagte.

Wenn Vater und Mutter sich nicht vertragen, dann hält ein kleiner Bub es mit der Mutter. Das gilt heute, das war damals so. Ein Mann wie seine Mutter wollte klein Heinrich werden: ein Beter, fromm und gläubig, ein Heiliger wer weiß. Noch später, nach dem Tod beider Eltern, wird ihm in einer Vision die liebe Mutter aus himmlischen Auen selig zulächeln, während zugleich der schlimme Vater aus den Flammen des Fegefeuers verzweifelt um Hilfe schreit.

Unter dem Mädchennamen der Mutter, als Heinrich Seuse – latinisiert Suso –, tritt der geborene Heinrich von Berg ins Dominikanerkloster von Konstanz ein. Mit dreizehn Jahren schon. Auch das war nicht normal. Ein Mindestalter von fünfzehn Jahren war bei den Dominikanern vorgeschrieben. Sein regelwidrig früher Eintritt, so gesteht Heinrich später schamvoll, sei erkauft worden, wörtlich „mit größeren Geschenken". Nicht allein der Vater war ja reich, auch die Mutter stammte aus einer vermögenden Familie.

Dass wir über so persönliche, ja intime Dinge bei Heinrich Seuse ungleich besser Bescheid wissen als bei anderen mittelalterlichen Menschen, hat einen einfachen Grund: Der Konstanzer Dominikaner ist der erste Deutsche, der eine Autobiographie geschrieben hat. „Autobiographie" ist freilich ein hochtrabendes Wort. In alemannischer

Bescheidenheit spricht Seuse selber nur von seinem „Büchlein": „das buechlin, das da heißet der seusse". Fast schon wie ein moderner Mensch gibt er darin über die Wirrungen seines Lebens Auskunft. Wie wird es dem Mönchlein Heinrich ergehen im Dominikanerkloster zu Konstanz?

Der beste Kenner der Mönchsgeschichte, Karl Suso Frank, spricht nach jeder Ordensgründung von ganz kurzen Blütezeiten der Religiosität, meist nur zwei Generationen. Dann beginnt jedesmal die lange Zeit der Dekadenz. Als Heinrich Seuse ins Dominikanerkloster zu Konstanz eintrat, war die Zeit des heiligen Dominikus schon ein Jahrhundert lang vorbei. Verfettet war das Kloster und verspießert. Die andern, die dort eintraten, suchten die klerikale Karriere und vor allen Dingen, in jener Zeit der Kriege und der Hungersnöte, die materielle Sicherheit.

Achtzehn war Bruder Heinrich, als er in einer Ekstase jene Erschütterung erlebte, die er selber als den „geswinden kehr" seiner Jugend bezeichnet. So wie er fünf Jahre zuvor beschlossen hatte, anders zu werden als sein Vater, beschloss er jetzt in rascher Umkehr, anders zu leben als seine Mitbrüder. Und er nahm sich die Wüstenväter zum Vorbild, jene antiken Heiligen, die als Protest gegen die konstantinische Verstaatlichung und Verweltlichung der Kirche weit hinaus in die Wüste Ägyptens gezogen sind, um dort ein Leben des Gebets und der Buße zu führen. Im Dominikanerkloster Konstanz begann Heinrich Seuse zu beten und zu büßen, als wäre dieses deutsche Kloster seine ägyptische Wüste.

Es ging aber damals in einem Kloster nicht anders zu als heute in einem Büro. Wenn da einer nicht so gut ist wie die andern, ist das nicht schlimm. Aufmunternd wird ihm auf die Schulter geklopft. Wie aber, wenn einer besser sein will als die andern? Wie, wenn in einem Kloster einer heiliger sein will als die andern? Wenn er gar den Wüstenvater macht? Wenn er bei Tisch nicht mehr, sondern weniger isst und trinkt als die andern? Wenn er unter seiner Kutte einen Gürtel trägt, der mit Nägeln so gespickt ist, dass das Blut von seinen Lenden spritzt wie einstmals bei Simeon dem Säulenheiligen? Wenn er nach dem mitternächtlichen Chorgebet nicht wie die andern zurückstrebt ins wärmende Stroh, sondern, selbst im winterlichen Frost, vor dem Allerheiligsten bis in den Morgen kniet?

So einer wurde damals im Kloster so gemobbt wie heute im Büro. Wie schlecht er das Mobbing vertragen hat, beschreibt Heinrich Seuse wörtlich in seiner Autobiographie: „Wie ein Häslein, das sich im Busch versteckt und vor jedem vorbeifliegenden Blatt erschrickt", so verängstigt sei er gewesen. Ein zart besaitetes Muttersöhnlein eben. Dass er sich dennoch halten konnte in der rücksichtslosen

Männergesellschaft des Klosters, hatte er seiner überlegenen Intelligenz zu verdanken. So viel besser als die andern war er im Theologie-Studium, dass ihn der Orden nach Köln holte, ans Studium Generale der Dominikaner. Das war damals die beste deutsche Hochschule. Wo zuvor Albertus Magnus gelehrt und Thomas von Aquin studiert hat, sitzt Heinrich Seuse jetzt zu Füßen von Meister Eckhardt, dem großen Lehrer der Rheinischen Mystik.

Das griechische Wort „μυστικος" meint wörtlich einen Menschen, „der die Augen schließt". Von Meister Eckhart wird Heinrich Seuse in den Weg nach innen eingeführt, in das Gotteserlebnis tief im „funkelin der zêle". Persönlich lehrt Eckhardt ihn, den Überängstlichen, die mystische Kunst der „gelazzenheit der zêle".

Jäh kommt das Ende der schönen Tage von Köln: Die Sätze, in denen Meister Eckhardt das Gotteserlebnis in der eigenen Seele schildert, sind viel zu kühn. Vom Kölner Kirchengericht werden sie als ketzerisch verurteilt. Während Eckhardt, um sich zu rechtfertigen, nach Avignon aufbricht, an den damaligen Sitz der Päpste, kehrt Seuse nach Konstanz zurück. Um seinen Lehrer zu verteidigen, schreibt er das „buechlin der warheit". Dass er sich viel vorsichtiger ausdrückt als Eckhardt selber, nützt ihm wenig. Auch er gerät jetzt in den Verdacht der Ketzerei. Keinen einzigen Freund hat er mehr im Konstanzer

Kloster. Wie „wölfische Menschen", klagt er, fallen seine Brüder alle über ihn her. Über ihn, das ängstliche Häslein.

Zum Glück ist er Dominikaner. Das heißt, er hat nicht nur Brüder, sondern auch Schwestern. Viel mehr Schwestern als Brüder. Heute noch zählt der Orden des heiligen Dominikus zehnmal mehr Nonnen als Mönche. So war es von allem Anfang an. Kaum waren die Dominikaner nach Deutschland gekommen, bildeten sich in Köln, in Straßburg, in Konstanz um das eine Männerkloster weite Kränze von Frauenklöstern.

In den Klöstern der Dominikanerinnen rings um das Konstanzer Männerkloster wird Bruder Heinrich ganz anders empfangen, ganz anders behandelt als von seinen Brüdern. Die Schwestern mögen so einen. Und wenn er ihnen das Neueste aus der Mystikerszene in Straßburg und in Köln berichtet, hängen sie an seinen Lippen.

Keine aber mag ihn so wie Elisabeth Stagel, eine schriftstellernde Dominikanerin aus dem Kloster Töss bei Winterthur. Dabei ist sie von ganz anderem Schlag als er. Elisabeth Stagel ist der Typ der mannhaften Zürcherin. Wie oft hat sie an den Bodensee reisen müssen, um sein verzagtes Mystikerseelchen neu aufzubauen.

Heiligsprechen mochte die Kirche Heinrich Seuse nie. Erst nach langem Zögern, erst 1831, hat sie ihn aber doch zur Ehre der Altäre erhoben: als Seligen wenigstens. In alten Darstellungen wird Heinrich Seuse auch nicht mit Heiligenschein dargestellt, sondern mit einem Kranz von roten Rosen um sein seliges Haupt.

Wisset, dass die deutsche Erotik einmal anders war als heute: nicht so banal, nicht so hässlich. Wenn damals ein junger Mann und sein Mädchen es ernst miteinander meinten, so flochten sie füreinander einen Kranz von roten Rosen. Das hat Elisabeth Stagel und Heinrich Seuse auf den Gedanken gebracht, der Gottesmutter Maria Kränze von roten Rosen zu winden. So beginnt die zarteste Blüte deutscher Frömmigkeit: die Rosenkranzmystik.

Selbst beim Schreiben hat Schwester Elisabeth ihrem Brüderlein Heinrich oft nachhelfen müssen. Genau wissen wir bis heute nicht, was in all seinen Schriften von ihm selber stammt, was von Elisabeth Stagel. Selbst in seine Autobiographie hat sie erkennbar einiges hineingesetzt. Und wie ist es mit seinem meistgelesenen Buch, dem „buechlin von der Ewigen wisheit"?

Dass Heinrich Seuse von den Zeitgenossen mehr gelesen wurde als Meister Eckhardt, liegt an seiner gefälligen Sprache. Ein Jahrhundert nach Walther von der Vogelweide steht der Konstanzer Mönch sprachlich noch ganz in der Nachfolge der Minnesänger. „Minne" – ritterliche Liebe – ist sein

Lieblingswort. Wie ein Minnesänger die Dame seines Herzens liebt, so will er Gott lieben.

„Gott" ist ein hartes Wort unserer Sprache, härter selbst als das verwandte englische Wort „God". Doch es ist nicht „Gott", dem Heinrich Seuse im funkelin der zêle begegnet ist, es ist „die Ewige Weisheit". Wie die antike Hagia Sophia ist dies ein Gott mit weiblichem Gesicht. Auch wenn ihm manchmal in seinen Visionen die Geschlechter durcheinander geraten. In seiner Autobiographie beschreibt er eine Ekstase, in der ihm die Ewige Weisheit zuerst als die schönste aller Jungfrauen erscheint, sich dann aber plötzlich verwandelt in den schönsten aller Jünglinge. *Honni soit qui mal y pense.*

Aber gibt es nicht auch im weiblichen Geschlecht „wölfische Menschen"? Ein böses Weib in Konstanz verbreitet das Gerücht, Seuse habe sie geschwängert. Ausgerechnet der! Der fromme Mystiker als Frauenschänder! Vor seinen Obern gelingt es ihm, sich zu rechtfertigen. Doch denen geht es nicht um seine Ehre, sondern um die Vertuschung eines Skandals. Rasch wird Seuse aus Konstanz ins ferne Ulm versetzt.

Viele Briefe wird er aus Ulm schreiben: Heinrich an Elisabeth. Viele Briefe wird er bekommen: Elisabeth an Heinrich. In Ulm auch hat er wohl das schönste, jedenfalls das einzige lustige deutsche Weihnachtslied verfasst: „In dulci jubilo" – Verse, die noch Bach inspirieren werden.

Ach, wie sehr irrt Eugen Drewermann mit seiner psychoanalytischen Behauptung, frühe Mutterbindung mache den Priester lebenslang zu einem unfruchtbaren Menschen. Mutterbindung ist nichts Schlechteres als Vaterbindung. So einer wird gewiss kein Macher, kein Sieger wie sein Vater. Eher wird er ein nachdenklicher Mann, ein Meister der Selbsterkenntnis, des Gebets und der Sprache. Besser als sein dominanter Vater wird er wohl mit Frauen zurechtkommen. Wie einst der Konstanzer Mönch und Mystiker Heinrich Seuse, geborener Heinrich von Berg.

Katharina von Siena
und drei Päpste auf einmal

Worin wir der Versuchung widerstehen, uns über empörte Jungfrauen zu empören.

Wenn andere es mit Greta Thunberg halten, dann halte ich es mit Katharina von Siena. Das war die Greta Thunberg des 14. Jahrhunderts. Allerdings wirkt unsere Greta eher still im Vergleich zu jenem Wollfärbermädchen aus Siena, das nicht lesen und nicht schreiben konnte, dafür aber erfüllt war von heiligem Zorn. „Mein ganzes Wesen ist Feuer", hat Katharina von Siena gesagt. Und Brandfackeln waren die Reden, mit denen sie auf Straßen und Plätzen der Toskana die Christenheit aufrief zur Empörung wider das Ärgernis des Jahrhunderts: Seit bald sieben Jahrzehnten schon saß ein Papst nach dem andern, sieben insgesamt, nicht mehr auf dem Heiligen Stuhl in Rom, sondern pflichtvergessen im fernen Avignon an der Rhone. Soweit heruntergekommen war das Papsttum dort, dass selbst die Damenwelt von Paris nur noch darauf bedacht war, die neueste Mode der Damenwelt von Avignon nachzuahmen.

Als „Babylonische Gefangenschaft der Kirche" geißelte Katharina den päpstlichen Skandal, erkannte gar in der Kurie von Avignon die „Hure Babylon" der Apokalypse. Als alles Reden nichts nützte, setzte Katharina sich auf einen Esel. Jesus gleich ritt sie nach Avignon. Fast gestorben, erinnert sich der Übersetzer, sei er vor Angst und Schreck beim Übersetzen der Vorwürfe, welche die junge Italienerin dem französischen Papst ins Gesicht schleuderte: Ämterkauf, Bestechung, Betrug, Neffenwirtschaft und alle die unübersetzbaren Sünden Babylons dazu. Papst Gregor XI blieb erstaunlich ruhig: „Katharina, wie willst du die Zustände an meiner Kurie kennen? Du bist doch gerade erst angekommen." „Um zu wissen, was los ist an Eurer Kurie", entgegnete Katharina, „hätte ich nicht nach Avignon zu kommen brauchen." „Warum nicht?", wunderte sich der Papst. „Weil es", antwortete Katharina, „an Eurer Kurie stinkt. Von Avignon stinkt es bis nach Siena."

Papst Gregor XI hatte keine Wahl. Hinter Katharina her musste er nach Rom. Auf den verwaisten Stuhl Petri. Kaum aber war er angekommen in der Ewigen Stadt, merkte der Papst, dass er einen fatalen Fehler gemacht hatte. Ach, hätte er doch nicht auf das italienische Mädchen gehört, sondern auf seine Hoftheologen, die ihm hoch und heilig versichert hatten „ubi Papa, ibi Roma" – „Wo der Papst ist, da ist Rom". Und ist der Papst in Avignon, so ist Avignon das wahre Rom.

Kein Wort Italienisch konnte der französische Papst. In der Schlangengrube am Tiber war er allen

Intrigen der Aristokraten, allem Hass des Pöbels hilflos ausgeliefert. Dass er nicht vergiftet oder erdolcht wurde, verdankte der Franzose nur der gütigen Fügung, dass er rasch nach seiner Ankunft in Rom eines natürlichen Todes starb.

Um einen neuen Papst zu wählen, trat das Konklave zusammen. In Rom. Doch es waren die Kardinäle, die Gregor aus Avignon mitgebracht hatte, in der Mehrheit Franzosen. Jetzt brach in Rom die helle Empörung aus. Mit Spießen und Dolchen bewaffnet drang das Volk in das Konklave ein, um die Wahl eines Italieners durchzusetzen. „Wenn man mir ein Messer auf die Brust setzt, damit ich einen Italiener wähle", klagte einer der französischen Kardinäle, „dann können wir ja auch gleich den Teufel selber als Papst wählen."

Gewählt wurde nicht der Teufel, sondern ein wohlbeleumdeter Italiener. Er gab sich den Namen Urban VI. Doch dann geschah das absolut Unvorhersehbare. Kaum gewählt, verlor Urban den Verstand. Auch seine engsten Vertrauten brüllte er nur noch an und redete von einer Kirchenreform, bei der kein katholischer Stein auf dem andern geblieben wäre.

Das Kirchenrecht erlaubt es, einen geisteskranken Papst abzusetzen. Leider Gottes unterließen dies die Kardinäle. An einem sicheren Ort außerhalb Roms wählten sie gleich einen zweiten Papst: weder einen Italiener noch einen Franzosen, sondern einen Genfer. Und er nannte sich Clemens VII. Durch Rom gellte der Ruf der Empörung: „Ein Halbfranzose! Sie haben einen Halbfranzosen gewählt!" Um das Chaos weiter zu verschlimmern, kam jetzt auch noch die heilige Katharina persönlich wieder nach Rom. Aus lauter Sorge, ihr Lebenswerk, die Rückführung des Papstes nach Rom, könne scheitern, unterstützte sie den unmöglichen Urban. Den Papst aus Genf dagegen verurteilte sie als „Knecht des Dämons". Was blieb dem Genfer und seinen Kardinälen anderes als die Flucht?

Auf nach Avignon! Heim in die sichere Festung des päpstlichen Palastes an der Rhone! Ohnehin war die halbe Kurie in Avignon geblieben. Und das päpstliche Archiv. Als Instrument der Herrschaft war das Archiv damals so wichtig wie heute der Computer.

Es war jetzt alles schlimmer als vor dem Auftritt der heiligen Katharina in Avignon. Vorher war *ein* Papst gewesen, gewiss am babylonisch falschen Ort, aber immerhin *ein* Papst, dem die ganze Kirche unterstand. Jetzt waren zwei Päpste, einer in Rom und einer in Avignon. Aus dem Babylonischen Exil der Kirche war eine veritable Kirchenspaltung geworden, das „Große Abendländische Schisma". Frankreich, Aragon, Kastilien, Schottland, die flandrischen Städte, Neapel und Zypern schworen dem Papst von Avignon die Treue, England, Dänemark, Schweden,

Polen und Ungarn dagegen dem Papst von Rom. Zwischen den zwei heiligen Stühlen saßen die Deutschen. Im Mainzer Domkapitel gehorchte die Hälfte der Domherren dem Papst in Rom, die andere Hälfte dem Papst in Avignon.

1380 starb in Rom, tief verzweifelt über das Verhängnis der Kirche, Katharina von Siena im Alter von erst 33 Jahren. Mit ihrer Empörung, schreibt ein bisschen taktlos der französische Historiker Jean Favier, sei die Heilige zum Schluss den meisten nur noch „sur les nerfs – auf die Nerven" gegangen.

Es gab aber damals einen Ort, wo nicht Empörung angesagt war, sondern das Denken. Das war die Universität Paris. Sie galt als beste abendländische Denkfabrik. Die Pariser Gelehrten besannen sich auf vier „viae", vier „Auswege" aus der skandalösen Kirchenspaltung.

Ausweg Numero 1: die „via facti". „Factum" war damals ein akademisch schönes Wort für „Krieg". Würde es einem der beiden Päpste gelingen, dem andern „faktisch" den Garaus zu machen, so hätte die Christenheit wieder einen einzigen Papst. Tatsächlich begannen die beiden Päpste ein paar Stellvertreter-Kriege in Flandern und in Süditalien. Dass sie damit zu keinem Ergebnis kamen, hat einen simplen Grund: Kriege sind teuer. Jeder der beiden Päpste hatte jetzt aber nur noch die Hälfte der Einkünfte, die vorher der eine Papst hatte.

Wegweisung Numero 2 aus Paris: die „via cessionis". Angedacht war, dass beide Päpste zurücktreten und so den Weg freimachen würden für einen neu zu wählenden einzigen Papst. Dieser durchaus kluge Vorschlag scheiterte an der mittelalterlichen Logistik. Trat der eine Papst freiwillig zurück, so musste er sicher sein können, dass der andere Papst gleichzeitig zurücktrat. Die Übermittlung einer Nachricht zwischen Rom und Avignon dauerte aber damals vierzig Tage. Zeit genug für jegliche Hinterlist.

Inzwischen waren alle Katholiken exkommuniziert, jeweils die eine Hälfte durch den jeweils anderen Papst. Unter diesen Umständen schien manchen die dritte Wegweisung aus Paris sinnvoll: die *via oboedientiae retractae*. Das heißt „der Gehorsamsentzug". Wenn alle Christen aufhören würden, dem einen wie dem andern Papst zu gehorchen, dann würde wohl beiden Päpsten die Lust am Streiten vergehen. Eine gutgemeinte, aber keine gute Wegweisung. Das Abendland versank in Anarchie, während aus Morgenland, wohlgeordnet, die muslimischen Heere bedrohlich vorrückten.

Es gibt im Klerus ein altes Sprichwort: „Wenn es einmal abwärts geht, dann ist nach unten keine Grenze." Die Hiobsbotschaft kam aus Pisa. Am 17. Mai 1410 hatten dort ein paar besonders kopflose Kardinäle einen besonders unwürdigen dritten

Papst gewählt. Dieser neueste Papst, ein alter Krieger, war bei seiner Wahl noch nicht einmal Priester. Binnen 24 Stunden wurde er zuerst zum Priester, dann zum Bischof geweiht und auch gleich noch zum Papst gekrönt. Aus der „verruchten Zweiheit" war das Papsttum heruntergekommen in die „verfluchte Dreiheit".

Doch es gibt ein zweites Sprichwort: „Wenn die Not am höchsten, ist die Rettung am nächsten."

Würde die Göttliche Vorsehung jetzt zur Rettung der zerrütteten Christenheit eine zweite Katharina erwecken? Nein. Gott erweckte nicht eine empörte Jungfrau, sondern das Gegenteil: einen weisen weißen alten Mann. Das war der deutsche König Sigismund. Der machte nicht in Empörung und ein Heiliger war er schon gar nicht. Doch er war ein Weiser. „Der Weise", sagt Thomas von Aquin, „der Weise sorgt für Ordnung."

Um Ordnung zu machen in der verwahrlosten Kirche, wählte der weise weiße alte König Sigismund jenen Weg, welchen die Gelehrten in Paris als letzte Möglichkeit empfohlen hatten: die *via concilii*. Unter König Sigismunds weiser Ägide trat 1414 das Konzil von Konstanz zusammen. Der einzige der drei Päpste, der sich nach Konstanz getraute, war ausgerechnet der von Pisa. Schwer sollte er das bereuen. Um seine Absetzung zu rechtfertigen, ließ das Konzil all seine Todsünden, eine nach der andern, feierlich verlesen. Insgesamt über fünfzig babylonische Todsünden.

Jetzt war als zweiter der Papst von Rom klug genug, König Sigismund seinen freiwilligen Rücktritt anzubieten. Bockig zeigte sich allein der dritte Papst, der von Avignon. Da bewährte sich einmal mehr die deutsch-französische Freundschaft. Aus dem prachtvollen Palast an der Rhone vertrieb der König von Frankreich den Widerspenstigen weit weg auf einen einsamen Felsen. Irgendwo in Spanien.

1417, mehr als ein Jahrhundert nach Beginn des babylonischen Skandals, war der Weg frei für die Wiedervereinigung der dreigeteilten Kirche unter einem einzigen Papst. Die Wahl des Konstanzer Konzils fiel auf den italienischen Kardinal Colonna. Dem Tagesheiligen zu Ehren nannte er sich Martin V.

Alle Erwartungen hat freilich auch Martin V nicht erfüllt. Enttäuscht hat er jene, die hofften, er werde Katharina von Siena heiligsprechen. Doch gemach! Empörte Jungfrauen hat das Mittelalter nicht so schnell heiliggesprochen wie wir heute. Im folgenden Jahrhundert erst wird Rom die Jungfrau von Siena zur Ehre der Altäre erheben. Und erst 1970 hat Papst Paul VI ihr den höchsten Ehrentitel verliehen: „Doctor Ecclesiae – Lehrerin der Kirche".

Heilige Katharina von Siena! Lehre du uns, was dich die bittere Erfahrung gelehrt hat: dass, um einen großen Skandal zu beseitigen, große Empörung nicht ausreicht. Auch wir im 21. Jahrhundert haben ja einen großen Skandal. Und ja, empörte junge Frauen sind uns gar viele geschenkt. Was uns fehlt, sind weise weiße alte Männer. Uns fehlt, für unsere Zeit, ein weiser weißer alter König Sigismund. Dass Gott ihn uns schenken möge, und zwar bald, damit der Skandal nicht wieder über ein Jahrhundert dauert, dafür sorge du, heilige Katharina von Siena, in deiner himmlischen Macht und Glorie. Amen.

Die Unfälle der heiligen Franziska von Rom

Worin Frauen Autofahren lernen.

Dass Papst Pius XI bei Heiligsprechungen oft sehr spontane Entscheidungen fällte, hat ihm in Deutschland keiner verargt. Der Eigenwilligkeit dieses Papstes verdanken wir schließlich den größten deutschen Heiligen, den heiligen Albertus Magnus. Fast sieben Jahrhunderte lang war der große Kölner nicht zur Ehre der Altäre erhoben worden, weil bei ihm das Wichtigste fehlte: Um heiliggesprochen zu werden, muss einer nämlich nach seinem Tod mindestens zwei Wunder gewirkt haben. Albertus Magnus aber, der Begründer des modernen naturwissenschaftlichen Experiments, war Wundern so abhold, dass er sie nicht einmal vom Himmel herab wirken mochte. Was tun? Ganz einfach: „Albert der Große braucht keine Wunder zu wirken", sprach Papst Pius XI, „seine *Bücher* sind seine Wunder." Und sprach den Deutschen heilig.

Nahm man in der zuständigen vatikanischen Ritenkongregation die Heiligsprechung Alberts des Großen mit schweigendem Stirnrunzeln hin, so löste eine andere Entscheidung Pius' XI lautes, fast einhelliges Murren aus: Unverhofft ernannte der

Papst im Jahre 1925 die heilige Franziska von Rom zur Patronin der Autofahrer.

Fast größer noch als im Vatikan war die Befremdung unter den zahllosen Verehrerinnen der heiligen Franziska in aller Welt. Die große Römerin ist am 9. März 1440 gestorben. Nie im Leben hat sie ein Auto gesehen. Undenkbar, dass sie, die reichste Römerin ihrer Zeit, jemals vorn auf einem Kutschbock gesessen hat. Vor allen Dingen: Als Pius XI sie 1925 zur Patronin der Autofahrer ernannte, hatte die heilige Franziska im Himmel längst ihren festen Platz, auf Erden längst ihre fest umrissene Zielgruppe: Sie war Patronin der Haus- und Ehefrauen.

Und das aus gutem Grunde. Im zarten Alter von elf Jahren vermählt, hat die heilige Franziska ihrem Gatten vierzig Jahre lang so tugendsam gehorcht, sie hat ihm den Haushalt so musterhaft geführt, dass es ihr gelang, schreibt Lady Georgina Fullerton, ihren Gatten „in vierzig Ehejahren nicht ein einziges Mal zu ärgern": „succeeding during all this time in never once annoying him". Selbst dein Gebet, musst du, christliche Ehefrau, auf der Stelle abbrechen, „sobald dein Mann etwas von dir verlangt", hat die heilige Franziska von Rom gesagt.

Für soviel vorbildliche Pflichterfüllung wurde die heilige Franziska Romana vom Himmel mit jener berühmten Vision belohnt, die in den „Acta Sanctorum" auf über zehn engbeschriebenen Folien

129

geschildert ist. Unter der Führung des Erzengels Raffael durfte sie im Jahr 1415 die Hölle durchwandern. Nicht die Hölle im Allgemeinen, sondern eine ganz besondere Hölle: Franziska von Rom sah die Hölle der Frauen. Siehe, sie sah, mit eigenen Augen, die ewige Qual der pflichtvergessenen Hausfrau und der treulosen Gattin.

Äußerlich gleicht die Frauenhölle in überraschender Weise einem modernen Wohnblock. Franziska spricht jedenfalls, in ihrer Vision, von mehreren „Etagen". Auf jeder Etage wird ein anderes weibliches Laster bestraft. O furchtbares Schicksal der frechen, aufsässigen und verstockten Ehefrauen: Festgekettet auf glühenden Eisenplatten schmoren sie in einem Feuer, das höllisch brennt, doch niemals leuchtet. O grausames Los der treulosen Gattinnen und der zuchtlosen Witwen: Sie sind, jede für sich, an einem Baum so festgebunden, dass der Kopf schmerzvoll nach hinten gereckt wird. Darüber hangen Äpfel, die von Würmern wimmeln, sodass sie vor Ekel unablässig erbrechen. O ewige Pein der geschwätzigen Ehefrauen: Ein höllischer Tatzelwurm windet sich um ihre Lenden, reißt ihnen die Zunge aus und zerfleischt ihr lügnerisches Herz. O schreckliche, aber gerechte Strafe der faulen Ehefrauen: Bis zur Gurgel stehen sie im stinkenden, siedenden Kot, den der Satan selbst mit seinen sieben Schwänzen unablässig aufwühlt.

So heilsam war das Entsetzen, das Franziska von Rom mit ihrer Vision der Frauenhölle weit über Italiens Grenzen hinaus verbreitete, dass sie, nach ihrem Tod am 9. März 1440, von selber im christlichen Volk aufstieg, zur Patronin aller bußfertigen Ehe- und Hausfrauen. Ins Unermessliche, ohne alles päpstliche Zutun, wuchs ihr Kult, er stand noch in voller Blüte, als Papst Pius XI 1925 die unverständliche Entscheidung traf, ausgerechnet diese Heilige, der doch bereits die halbe Menschheit als Zielgruppe unterstand, umzufunktionieren zur Patronin der Automobilisten. Was hatte der Papst nur im Kopf?

Nicht viel, meinten die Kardinäle in der vatikanischen Ritenkongregation und lieferten, unter der Hand, eine Erklärung nach, die noch heute in italienischen Handbüchern zu lesen ist: 1925 habe es noch keinen Heiligen gegeben, der selber im irdischen Leben Auto gefahren ist; in seiner Verlegenheit habe sich der Heilige Vater an die heilige Franziska gehalten, weil diese zwar kein Automobil besessen habe, wohl aber eine Schwiegertochter namens Mobilia.

Diese italienische Spekulation ist, ich wäge meine Worte, idiotisch. Ein deutscher Benediktiner, Pater Chrysostomus Stelzer, hat längst nachgewiesen, dass die besagte Schwiegertochter gar nicht Mobilia, oder, wie gelegentlich böswillig behauptet,

Immobilia hieß, sondern Mabilia. Zur Mobilia geworden ist die gottselige Mabilia erst durch die pflichtvergessene Schlamperei, ja durch die Spitzbüberei vatikanischer Kopisten, die sich, wieder mal, nicht gescheut haben, der Christenheit ein A für ein O vorzumachen.

Dass wir christlichen Autofahrerinnen und Autofahrer dennoch nicht vor einem unlösbaren Rätsel päpstlicher Eigenwilligkeit stehen, verdanken wir allein den Forschungen von Lady Georgina Fullerton, jener uns bereits bekannten, besonders einfühlsamen britischen Franziska-Verehrerin. Lady Fullerton hat herausgefunden, dass im Leben dieser italienischen Hausfrau des 15. Jahrhunderts etwas war, was tatsächlich von ihrer schicksalhaften Affinität zum modernen Autofahrer zeugt: Zeit ihres Lebens erlitt die heilige Franziska Romana, in menschlich kaum erklärbarer Weise, einen Unfall nach dem andern. Anders gesagt, in der Sprache von Lady Georgina: Die Patronin der Autofahrer war „accident prone".

Verkehrsunfälle waren im Mittelalter häufiger, als mancher heute glaubt. Martin Luthers Ehefrau, Katharina von Bora, ist zum Beispiel 1552 durch einen Verkehrsunfall ums Leben gekommen. Die Unfälle der heiligen Franziska jedoch waren von gänzlich anderer, unerklärlicher Art.

Plötzlich, auf dem morgendlichen Gang zur Kirche San Leonardo, traf sie von hinten ein so brutaler

Stoß, dass sie vornüber in den Tiber fiel; nur durch ein Wunder wurde sie aus den Fluten gerettet. Plötzlich, beim abendlichen Lustwandeln durch die Gärten ihres römischen Palazzos, platzte ihr, im Monat April, eine riesige Quitte auf den Kopf; man bedenke: eine reife Quitte im Frühling! Plötzlich, mitten im Gebet in ihrer Hauskapelle, ward sie an den Haaren gefasst und quer durch die Lüfte auf den Balkon geschleudert. Plötzlich, auf dem Gang zur heiligen Messe im Petersdom, traf sie, wieder von hinten, ein heimtückischer Fußtritt und sie stürzte, lebensgefährlich, eine steile Treppe hinab.

Der Böse Feind! Er war es, der Satan selber, welcher der heiligen Franziska nachstellte, des Tags mit brutalen Schlägen aus dem Hinterhalt, des Nachts mit raffinierten Liebkosungen, in der trügerischen Erscheinung eines wunderschönen Jünglings, manchmal auch eines scheinheiligen Greises.

Gott aber, der seine Heiligen prüft, der sie jedoch nie im Stich lässt, schenkte der heiligen Franziska, als sie fünfzehn war, eine ungewöhnliche Gnade. Ihr war es gegeben, nicht nur die Gegenwart des Teufels zu spüren, sondern auch, ganz körperlich, die Gegenwart ihres Schutzengels. Den Heiligenschein ihres Schutzengels zum Beispiel sah sie als ein so strahlend helles Licht, dass sie fähig war, um Mitternacht, ohne Lampe, in ihrem Gebetbuch zu lesen.

Leider gab es mit diesem Schutzengel nach einer Weile mancherlei Ärger. Auch er wurde, immer häufiger, grob, ja zudringlich. Nahm er auch nur einen sündigen *Gedanken* in ihrem Herzen wahr, so versetzte er ihr schallende Ohrfeigen, ja er gab ihr Fußtritte, einmal so, dass sie mit dem Kopf vornüber aufs römische Pflaster fiel. Oft könne sie kaum unterscheiden, klagte sie ihrem Beichtvater, Don Antonio, wer sich ihr gerade wieder so zudringlich nähere, ob es nur der Schutzengel sei oder vielleicht doch der Teufel.

Da schenkte ihr Gott eine Gnade, wie sie keiner anderen Christin jemals zuteilgeworden ist: Siehe, er stellte der heiligen Franziska *drei* Schutzengel zur Seite.

Wisset, dass es neun Chöre von Engeln gibt. Die gewöhnlichen Schutzengel, wie sie jeder Christ hat, entstammen dem untersten Chor und sind deshalb oft sehr sehr unzuverlässig. Dem erwiesenermaßen vertrauensunwürdigen ersten Schutzengel der heiligen Franziska wurde jetzt ein Erzengel, also ein Engel aus dem nächsthöheren Chor beigesellt, sowie, als dritter, ein Engel aus einem der obersten Chöre. Aus welchem? War es ein Cherub, war es ein Seraph gar?

Wir wissen es nicht. Wir wissen nur, dass die drei Schutzengel die heilige Franziska fortan so perfekt beschützten, dass der Teufel, wo immer sie ihren

Fuß hinsetzte, heulend ausfuhr. Dass die drei Engel auch gegenseitig aufeinander so gut aufpassten, dass alle Zudringlichkeiten auf der Stelle aufhörten.

Plötzlich fällt es uns wie Schuppen von den Augen: Drei Schutzengel! Nicht einer, sondern drei! Das ist es, was Papst Pius XI im Sinn hatte, als er die heilige Franziska von Rom zur Patronin der Autofahrer ernannte.

Noch schien, im Jahre 1925, die Welt der ersten Automobile in Ordnung. Noch ahnte kein Autofahrer, welche Gefahren ihm dereinst drohen würden. Der Heilige Vater allein, in seiner prophetischen Unfehlbarkeit, hat klar vorausgesehen, was der christliche Autofahrer dereinst, in der Hölle des postmodernen Verkehrs, brauchen würde: nicht einen Schutzengel, sondern drei.

Allzu viele Autofahrer scheinen sich dieser Einsicht noch zu verweigern. Noch immer verehren sie, als Schutzpatron, den heiligen Christophorus.

Nicht so der wahrhaft progressive Autofahrer. Er weiß, dass der heilige Christophorus nie existiert hat. Ein illusionäres Fabelwesen ist das, der heilige Christophorus, ein Placebo-Heiliger für abergläubische Seelen. Der aufgeklärte, der fortschrittliche Autofahrer schüttelt über den alten Christophorus nur den Kopf. Entschlossen holt er sich das neue, das echte Sicherheitspaket: Er holt sich ABS; er holt sich den Airbag; er holt sich die heilige Franziska von Rom.

Und während er, von drei Schutzengeln sicher geleitet, mitten im mörderischen Verkehr friedvoll seiner christlichen Wege zieht, preist er, der wahrhaft moderne Autofahrer, in demütigem Gebet die unfehlbare Klugheit, die prophetische Weisheit unseres Heiligen Vaters Papst Pius XI.

Vom grässlichen Chaos des heiligen Gallus zur schöpferischen Ordnung des heiligen Otmar

Worin es uns gelingt, das Gesetz der katholischen Dekadenz zu widerlegen.

Wissen Sie, woher unser deutsches Wort „Glocke" kommt? Es kommt aus Irland. Und ist wahrscheinlich das einzige Wort, das wir aus der Sprache der Iren übernommen haben. Warum? Weil der heilige Gallus ein irischer Wandermönch war, der überall, wo er durch die Lande kam, laut mit einem Glöcklein bimmelte, das er aus seiner irischen Heimat mitgebracht hatte. Mit eben jenem „Gallus-Glöcklein", das noch heute – der Name sagt es – in Sankt Gallen kostbar aufbewahrt wird.

Und wie der heilige Gallus, so die irischen Wandermönche alle. Ob sie nun mit ihrem Gebimmel die bösen heidnischen Geister der Germanen vertreiben wollten, oder ob sie, viel prosaischer, um Almosen bimmelten, ist historisch so wenig geklärt wie fast alles, was wir über den heiligen Gallus zu wissen glauben.

Fest steht, dass Irland eine Insel ist, und dass die irischen Wandermönche deshalb auch bei uns nach Möglichkeit überall dem Wasser entlang zogen. So kam auch der heilige Gallus aus dem Elsass den Rhein entlang bis an den Bodensee gewandert.

Das „Schwäbische Meer"!

Fast so immens wie vor Irlands Küste der Atlantische Ozean! Da fühlte sich der heilige Gallus wie zu Hause. In Bregenz wäre er gern geblieben. Aber dort jagte man ihn wieder weg. Vielleicht, weil den Heiden sein christliches Gebimmel auf die Nerven ging, eher aber wohl, weil er unhöflich genug war, eine heidnische Opferstätte zu verwüsten.

Es war jetzt Zeit für den heiligen Gallus, der Welt endgültig zu entsagen. Mit seinem Glöcklein schellend bahnte er sich den Weg hinauf in jenen Urwald oberhalb vom Bodensee, wo damals, wie die älteste Gallus-Chronik wörtlich berichtet, „Bären, Wölfe und Wildschweine massenhaft" hausten, heute jedoch, wie leicht zu erraten, die Stadt Sankt Gallen steht.

Ums Jahr 612 gründete der heilige Gallus dort seine Klause. Das erste und wichtigste Gesetz in der Geschichte der christlichen Einsiedler lautet aber: Ein Einsiedler bleibt niemals allein. Wie einst um den Ureinsiedler Antonius in der Wüste Ägyptens, so siedelte bald auch um den heiligen Gallus herum eine ganze Kolonie von Einsiedlern. Einträchtig beteten sie und schellten dazu ebenso einträchtig mit ihren Glöcklein.

Doch dann, im Jahr des Herrn 640, geschah es, dass der heilige Gallus das Zeitliche segnete. Jetzt bestätigte sich auch im Urwald von St. Gallen das zweite Gesetz der Einsiedelei, das Eherne Gesetz der Dekadenz: Wenn es einmal abwärts geht, dann ist nach unten keine Grenze.

Nach dem Tod des heiligen Stifters, so formuliert es eine der ältesten Chroniken von St. Gallen, nahmen unter den Einsiedlern „Frechheit" und „Ordnungslosigkeit" überhand. Worin sie bestand, die „Frechheit", die „Ordnungslosigkeit", sagt uns der Chronist leider nicht. Wir können es uns aber vorstellen. Nichts ist ja historisch so gut erforscht wie die Missstände in jenen frühen Einsiedlerkolonien in der Wüste Ägyptens, die das Vorbild aller späteren christlichen Einsiedler waren.

Angefangen hat es stets mit Weibergeschichten. Wo immer in den Dörfern am Nil eine Jungfrau auf unerklärliche Weise zum Kind kam, lief von Mund zu Mund die Erklärung: „Es muss ein Einsiedler gewesen sein."

Gibt es etwas Schlimmeres? Ja. „Bringt keine Knaben hierher", heißt es in den frühesten Selbstzeugnissen der ägyptischen Einsiedler, in den „Vätersprüchen", „vier Kolonien von Einsiedlern in der Sketischen Wüste sind schon zugrunde gegangen an den Knaben."

Gibt es etwas Schlimmeres noch? Ja. Das allerschlimmste Verbrechen auf Erden, das wissen alle, ist die Steuerflucht. Schweizerische Archäologen haben in der Wüste südlich der Großstadt Alexandrien Achtzimmer-Einsiedeleien mit luxuriöser Inneneinrichtung aus dem Sand gegraben. Wer hat da geeinsiedelt? Athanasius von Alexandrien berichtet, wie ihm beim Besuch einer Einsiedlerkolonie die fabelhaft gute Laune der Einsiedler auffiel. Zur Begründung fügt er hinzu: „Denn da war kein Steuereintreiber."

Steuerflüchtlinge einst in der Wüste Ägyptens. Und jetzt im Urwald von St. Gallen? Schier unerträglich war ja, seit der Unterjochung der Alemannen durch die Franken, die Zwangsherrschaft der fränkischen Steuervögte nördlich vom Bodensee. Südlich vom Bodensee allerdings hatten sie wenig zu bestellen. Wie groß muss da für Steuerkriminelle die Versuchung gewesen sein, über das Schwäbische Meer in den Urwald von St. Gallen zu fliehen. Als Einsiedler auf Zeit.

Doch jetzt das dritte Eherne Gesetz der Einsiedelei: Wo die Not am höchsten, ist die Rettung am nächsten. Weiber, Knaben, Steuerflucht: Als die Missstände in den Einsiedlerkolonien Ägyptens zum Himmel schrien, schickte Gott den heiligen Pachomius. Das war ein römischer Unteroffizier, der die verwahrlosten Einsiedler in regelrechte Kasernen sammelte und militärisch disziplinierte. Aus diesen Einsiedlerkasernen des heiligen Pachomius ist unser ganzes Klosterwesen hervorgegangen.

Nichts anderes hat der heilige Benedikt später im Westen nachgemacht.

Der einzige Ort in der katholischen Welt, wo das alte chaotische Einsiedlerwesen weiterblühte, war, fernab aller römischen Disziplin, die Insel Irland. Irische Zustände herrschten jetzt im Urwald von St. Gallen. Da, in höchster Not, schickte Gott den Retter. Er schickte den heiligen Otmar. Das war ums Jahr 719. Otmar kam, Otmar sah, Otmar machte Ordnung in der verwahrlosten Einsiedlerkolonie. Was befähigte ihn dazu? Im Unterschied zum heiligen Pachomius war der heilige Otmar kein Soldat. Aber er besaß eine andere Qualität: Otmar war Alemanne. Nach heutigen Begriffen war er Deutschschweizer. Als solcher besaß er das Talent, Ordnung zu machen, besonders bei anderen Leuten.

Die anderen Leute, die bislang in der Einsiedlerkolonie von St. Gallen gelebt hatten, waren außer zugewanderten Iren fast alles Romanen. Romanisch ist ein spätes, populär vereinfachtes Latein, das heute noch in einigen Tälern Graubündens gesprochen wird. Einst war es die Sprache der ganzen heutigen Schweiz. Noch bis ins 8. Jahrhundert wurde in Zürich romanisch gesprochen. Jetzt aber drangen über Konstanz die Alemannen ein in die Ostschweiz. Zuvorderst der heilige Otmar.

„Ordnung" heißt auf lateinisch „ordo". Das heißt auch „Orden". Ordnung in der verwahrlosten

Einsiedlerkolonie machte der heilige Otmar, indem er die Ordensregel des heiligen Benedikt einführte und so aus einem wirren Haufen von Einzelgängern eine streng regulierte Kohorte von Mönchen machte, die alle ihm, dem Abt, Gehorsam geloben mussten. Vor allen Dingen baute der heilige Otmar. „Undique versum" heißt es in der „Vita sancti Otmari", „nach allen Seiten" baute er. Eine gewaltige Abtei entstand da, wo zuvor nur unordentliche Hüttchen verstreut im Urwald gestanden hatten. Und wo einst nur das Glöcklein des heiligen Gallus gebimmelt hatte, scholl nun weit über die Lande die mächtige Glocke, die König Pippin dem heiligen Otmar geschenkt hatte als Anerkennung für sein gewaltiges Ordnungswerk.

Nur in einem hat der heilige Otmar versagt. Der Franke Pippin hätte wohl erwarten dürfen, dass der Abt von St. Gallen ihn, zum Dank für die große Glocke, im Kampf gegen die alemannische Steuerflucht tatkräftig unterstützen würde. Leider war das Gegenteil der Fall.

Um Schluss zu machen mit dem Steuerparadies südlich vom Bodensee, ernannte die fränkische Reichsverwaltung für die heutige Schweiz zwei besonders energische Steuervögte, Warin und Ruthard mit Namen. Denen fiel gleich ein ganzes Netzwerk von Steuerhinterziehung auf. Um sich vor der fränkischen Steuerverwaltung in Sicherheit zu bringen, vermachten viele Alemannen ihre Güter, sei es wirklich, sei es zum Schein, der steuerfreien Abtei St. Gallen. Beihilfe zur Steuerhinterziehung, das war das Verbrechen des heiligen Otmar.

Konnte das Reich den Abt von St. Gallen deshalb vor Gericht stellen? Wegen „Beihilfe zur Steuerhinterziehung"? Ganz Alemannien hätte über eine solche Anklage gelacht. Da aber kam der Teufel den fränkischen Steuervögten zu Hilfe. Und es fuhr der Böse Feind in einen treulosen Mönch namens Lantbertus, der sich lügnerisch zum Zeugen dafür aufwarf, dass Abt Otmar ein Weib verführt habe. Da ward der Abt von St. Gallen zum Hungertod verurteilt. Zu Kerker ohne Wasser und Brot.

Jetzt aber ging ein solcher Schrei der Empörung durch Alemannien, dass die fränkischen Vögte gezwungen waren, den heiligen Otmar zu begnadigen. Sie verbannten ihn allerdings als Einsiedler auf die winzige Flussinsel Werd bei Stein am Rhein. Dort ist der Stifter der Abtei St. Gallen am 16. November 759, seiner Unschuld bewusst, selig entschlafen.

Gott aber hat Otmars Werk gesegnet. Weit verbreitet ist ja der Irrtum, Chaos mache schöpferisch. Nichts war schöpferisch in der verwahrlosten Einsiedlerkolonie des heiligen Gallus. Sobald aber der heilige Otmar für Ordnung gesorgt hatte, erblühte die Abtei St. Gallen zu einer der schöpferischsten Institutionen des Mittelalters. „Erzieherin

Alemanniens" ist ihr ältester, „Weltkulturerbe" jetzt, obwohl die Mönche schon lange vertrieben sind, ihr neuester Ruhmestitel.

Wie auf einer Insel im Meer der Barbarei hat die Abtei St. Gallen die klassische Kultur des Altertums bewahrt und gepflegt. Nicht nur das Erbe der Römer und der Griechen. Der St. Galler Mönch Ekkehart hat uns das Waltharilied überliefert, die altdeutsche Sage von Walter, dem tapferen Goten, und Hildegund, der schönen Burgunderin.

Und keiner hat wohl je so schön gesungen wie ausgerechnet Notker der Stammler. Vierzig Sequenzen hat der St. Galler Mönch gedichtet und die meisten selber vertont. Wie das klang, wenn der Stammler sang, wissen wir nicht genau. Es gab ja noch keine Notenschrift. Doch so mühselig alle modernen Versuche der Rekonstruktion sind, eines lassen sie uns ahnen: Wunderschön melodisch muss es geklungen haben, wenn der große Stammler von Sankt Gallen sein berühmtes dreifaches Alleluja sang.

Rund aber um die mächtige Abtei, da wo einst nur „Bären, Wölfe und Wildschweine massenhaft" hausten, ist die ordentlichste Stadt der Schweiz erblüht. St. Gallen nennt sie sich. St. Otmar müsste sie heißen. Denn dies ist das Prinzip Otmar: Chaos verdirbt, Ordnung macht schöpferisch.

Alleluja, alleluja, alleluja!

IV. Himmlische Momente der katholischen Neuzeit, sinnvoll ergänzt durch nicht weniger himmlische evangelische Momente

Francis Drake hinter einem Kaktus in Panama

Worin wir den ökumenischen Dialog wärmstens empfehlen.

Glühend brennt die Mittagssonne auf die kleine Hafenstadt von Vera Cruz. Wir sind in Mexiko im Jahre 1567.

Selbst drunten, in den sonst so lärmigen Tavernen am Hafen, ist der Friede mittäglicher Erschöpfung eingekehrt. Nur droben, vor dem Palast des spanischen Gouverneurs, blinzelt müde eine Wache. Kinder, Weiber, Hunde – alles schläft. Selbst in dem weißgetünchten Dominikanerkloster haben sich die sonst so wachsamen Väter von der Heiligen Inquisition zurückgezogen zur wohlverdienten Siesta.

Da, mit einem Mal, gellt ein Schrei des Entsetzens durch die friedlich verschlafene Stadt: „Los Luteranos! Los Luteranos!" Die Protestanten kommen! Die Protestanten!

Einen Augenblick später wimmelt es in allen Gassen von Vera Cruz von panisch verschreckten Menschen. Kinder, Weiber, Hunde – alles zum Tor hinaus in die Berge. Die Wache rüttelt den spanischen Gouverneur aus dem Bett. Und drüben am Dominikanerkloster schiebt sich aus jeder Schießscharte ein Gewehr der Heiligen Inquisition.

Was ist passiert? Draußen vor dem Hafen ist eine kleine Flotte von bewaffneten Handelsschiffen aufgetaucht. Das ist an sich etwas ganz Normales. Nur eines ist nicht normal: Die Schiffe tragen alle auf dem mittleren Segel zwei Buchstaben, die jeder katholischen Seele im 16. Jahrhundert den Schauder über den Rücken jagen: E.R. – Elisabeth Regina, Königin von England.

Inzwischen ist der spanische Gouverneur von Vera Cruz aufgewacht und hat die Lage überdacht. Mit seinen paar Kanonen und Soldaten kann er nicht viel ausrichten gegen die Schiffe ihrer protestantischen Majestät. Infolgedessen entschließt er sich zum ökumenischen Dialog. Und es zeigt sich im Gespräch, dass die Engländer gar nichts Unchristliches wollen. Sie haben nur, gefesselt in den unteren Verschlägen ihrer Schiffe ein paar hundert Negerheiden, die sie gern als Sklaven an die Katholiken verkaufen möchten. Man feilscht ein bisschen, man einigt sich schließlich auf fünftausend Goldmünzen und am folgenden Morgen treiben Katholiken und

Protestanten die gefesselten Heiden gemeinsam auf die nahegelegenen Plantagen.

Und wieder steht die heiße Mittagssonne Mexikos im Zenit über dem Hafen von Vera Cruz. Die Spanier haben sich zur Siesta zurückgezogen, die Heiden malochen in den Plantagen, die Engländer, *as one might say*, trinken Tee. Nichts scheint den tropischen Frieden zwischen den Völkern und den Konfessionen mehr stören zu können.

Da, mit einem Mal, gellt ein Schrei des Entsetzens durch den Hafen. Ein Schrei auf Englisch diesmal, ein Schrei aus dem Mastkorb des britischen Flaggschiffes, das den treu lutheranischen Namen „Jesus of Lubeke", „Jesus von Lübeck" trägt: „The Popists! Die Papisten kommen! Die Papisten!"

Was ist jetzt schon wieder los? 24 Stunden nach den Engländern kommt eine zweite Flotte in den Hafen von Vera Cruz gesegelt. Eine gewaltige Kriegsflotte diesmal. Es ist die Silberflotte seiner katholischen Majestät Philipps II von Spanien. Sein Name genügt, um jeder protestantischen Seele des 16. Jahrhunderts den Schauder über den Rücken zu jagen.

„Jesus von Lübeck" wird gekapert, ein paar kleinere englischen Schiffe gehen unter, die meisten Engländer werden gefangengenommen. Ab geht es mit ihnen ins Dominikanerkloster.

Unter den Daumenschrauben und Brenneisen der Heiligen Inquisition äußern fast alle schnell den innigen Wunsch, katholisch zu werden. *Sie* kommen mit milden Strafen davon: zweihundert Peitschenhiebe, sechs Jahre Galeere und die Auflage, für den Rest ihres Lebens ein gelbes Büßerhemd zu tragen.

Als schwierig erweist sich der Fall eines britischen Matrosen, der sich den Dominikanern von Vera Cruz nicht bloß schweigend widersetzt, sondern ihnen frech jene unübersetzbare Beschimpfung entgegengeschleudert, die heute noch der Schlachtruf militanter nordirischer Protestanten ist: „Fuck the Pope! Fuck the Pope!" Wegen besonderer Schwere des Falles erklärt sich die Inquisition von Vera Cruz für inkompetent und überweist den protestantischen Frevler per Schiff an die Inquisition nach Spanien. Auf dem Marktplatz von Sevilla wird er unter dem Jubel einer unübersehbaren Menschenmenge feierlich bei lebendigem Leibe verbrannt.

Es ist jetzt Zeit zu berichten, dass gar nicht alle Engländer in spanische Hand gefallen sind. In der allgemeinen Aufregung ist *ein* englisches Schiff, die „Minion", entkommen. Und auf diesem Schiff befindet sich ein junger Seemann, dem die Niederlage von Vera Cruz zum entscheidenden Erlebnis wird. Er heißt Francis Drake und ist der Sohn eines protestantischen Predigers. Er selber habe, so beschreiben es Zeitgenossen, vor Protestantismus „geglüht". Bei Martin Luther und Johannes Calvin tut er den heiligen Schwur, sein Leben dem Kampf gegen

Spanien, gegen die Katholiken zu weihen. Durch die heilige protestantische Seeräuberei.

Spanien beherrscht die Ozeane, Spanien beherrscht die Neue Welt. Sämtliche katholischen Heere in Europa werden finanziert durch das Silber und das Gold, das Spaniens Schiffe aus Amerika herübertragen. An der Spitze einer Seeräuberflotte segelt Francis Drake 1572 aus dem Hafen von Plymouth ab: die Seele voll Gier nach Rache am katholischen Antichrist, das Herz voll Gier nach Gold.

Mitternacht, die Geisterstunde. Nombre de Dios, der spanische Silberhafen in Mittelamerika, liegt im Frieden des Herrn: Weiber, Kinder, Katzen, Hunde, selbst die königliche Wache, alles schläft. Da plötzlich gellt, uns bereits bekannt, ein Schrei des Entsetzens durch den mitternächtlichen Frieden: „Los Luteranos! Los Luteranos!"

Sekundenschnell hat der protestantische Seeräuberhaufen die Garde vor dem spanischen Schatzhaus überwältigt. „Schnell eine Fackel!", schreit Francis Drake. Dann steht er vor dem riesenhaften Gewölbe, geblendet von Silber und Gold. Vor ihm liegen alle Schätze Westindiens. Er braucht nur zuzugreifen und er ist der reichste Mann der Welt.

In diesem Augenblick geschieht, hoch vom Himmel herab, ein katholisches Wunder. Über Nombre de Dios bricht ein tropischer Platzregen los. Im Nu ist das Pulver der Seeräuber vor dem Schatzhaus nass. Die Protestanten sind entwaffnet. In wildem Durcheinander fliehen sie auf ihre Schiffe zurück. Als letzter klettert, bleich vor Wut, Drake selber an Bord. Er humpelt. Er hat von hinten einen Schuss ins Bein gekriegt. Und er kann froh sein, dass er im Schutze der Nacht aus dem Hafen entkommt.

Wir dürfen annehmen, dass Francis Drake die folgenden Tage mit drei Dingen verbringt: erstens sein Bein zu verbinden, zweitens sich zu fragen, ob der liebe Gott nicht doch katholisch sei, und drittens einen neuen Plan zu machen.

Der sieht so aus: Das Gold und Silber im Schatzhaus von Nombre de Dios kam aus Peru. Mit einer riesigen Maultierkarawane bringt es der Schatzmeister von Lima regelmäßig durchs Gebirge. Es ist ein ganz schmaler Pfad und Hunderte von Meilen lang. Was liegt näher, als sich einfach irgendwo am Rande dieses Pfades hinter einem großen Kaktus niederzulassen und auf die Goldkarawane zu warten?

Der Plan ist kaum gefasst, da taucht ein Kriegsschiff vor der englischen Seeräuberflotte auf. Gar kein spanisches diesmal, sondern nur ein französisches Schiff. Aus konfessionellen Gründen will Francis Drake es trotzdem in Grund und Boden schießen, da stellt sich im letzten Augenblick heraus, dass die Franzosen Protestanten sind. Kapitän La Testu ist ihr Chef, ein Hugenotte, der eben mit knapper Not dem Massaker der Bartholomäusnacht entkommen ist. Und auch er hat geschworen, sich für den Rest seines Lebens an den Katholiken zu rächen. Durch die heilige protestantische Seeräuberei.

Das ist der ideale Geschäftspartner für Francis Drake. Gemeinsam verstecken die beiden ihre Schiffe in einer abgelegenen Bucht an der Küste von Panama. Gemeinsam überhäufen sie den örtlichen Indianerstamm mit Glasperlen und Ohrringen. Und dann geht es, traptraptrap, hinter den Rothäuten her hinauf ins Gebirge, zum Maultierpfad von Lima nach Nombre de Dios: „Durch diese hohle Gasse muss er kommen."

Mitternacht, die Geisterstunde. Unter dem katholischen Sternenhimmel von Panama lauern zwei protestantische Räuberbanden am Wegesrand, zuvorderst Monsieur La Testu und Mister Drake, wohlversteckt, ich sagte es schon, hinter einem großen Kaktus. Dann ein fernes Hufgetrappel. Dann, im sanften Mondenschein, eine unabsehbare Kolonne von katholischen Eselsohren. Dann, hinter dem Kaktus hervor, das Blitzen einer Gewehrmündung. Und dann aus Hunderten von spanischen Kehlen der Schrei des Entsetzens: „Los Luteranos!"

Das Gemetzel ist kurz. Den meisten Spaniern, auch dem Schatzmeister, gelingt die Flucht rückwärts Richtung Lima. Zurück bleiben ein paar hundert Maulesel, die verstört durch die Kakteen irren.

Und ihre Fracht: 15 Tonnen Gold und Silber sind in protestantische Hand gefallen.

Der Abtransport all dieser Herrlichkeiten hinab zu den englischen Schiffen ist ein bisschen schwierig. So mancher Silbersack, so mancher Goldbarren bleibt in dem Kaktusgestrüpp hangen. Das macht aber nichts. Denn zum Glück ist Monsieur La Testu bei dem nächtlichen Gemetzel umgekommen. Francis Drake braucht also nicht zu teilen. Gebannt schaut er zu, wie seine Schiffe im Schutz der Dunkelheit vollgeladen werden mit spanischem Silber und spanischem Gold. Und eine Ahnung schwellt seine jugendliche Piratenbrust: Was hier beginnt, unter dem Mondenschein von Panama, ist eine grandiose Karriere.

Als oberster Seeräuber vom Dienste ihrer Gracious Majesty wird er auf allen katholischen Ozeanen Angst und Schrecken verbreiten. Und wo er landet mit seiner Räuberflotte: an den Küsten Portugals und Galiziens, auf den Karibischen Inseln, in den Häfen Brasiliens und Chiles, ja bis hinauf nach San Francisco, da heißt es bald nicht mehr „Los Luteranos!"; da gellt ein ganz neuer spanischer Schreckensruf: „El draque! El draque!" – „Der Drachen kommt! Der Drache Drake!"

Königin Elisabeth wird ihn empfangen. Sir Francis Drake wird er heißen. Ganz England wird ihm zujubeln, wenn er am 26. September 1580 heimkehrt von seiner großen Weltumsegelung. Und noch im 21. Jahrhundert werden ihn die Schulbücher, jedenfalls in protestantischen Landen, feiern als den größten Seeräuber aller Zeiten. „He may be said to have founded the British naval tradition" (Encyclopedia Britannica).

Aber greifen wir einer so großen Tradition nicht voraus. Zur Stunde ist ihr Gründer ein noch kaum bekannter, von Kakteen arg zerstochener Bandit in Panama. Doch wie er jetzt, bei leichter morgendlicher Brise, auf die Kommandobrücke steigt, wie er im allgemeinen Jubel den Befehl gibt, die Segel heimwärts zu setzen, huscht über Francis Drakes jugendliches Piratengesicht ein Lachen des Triumphs.

„Denn Schönres gibt es auf der Erde nicht
Als ersten Ruhmes zartes Morgenlicht. "

Der heilige Ignatius von Loyola
auf dem Örtchen

*Worin wir lernen, dem absoluten Chef aufs Wört-
chen zu gehorchen.*

Von neuen Tugenden ist viel die Rede am Unterneh-
mens-Standort Deutschland: von „Flexibilität" und
von „Mobilität" der Untergebenen und, für die Vor-
gesetzten, von „Strategie" und „Vision". An schönen
neuen Wörtern fehlt es uns wahrlich nicht. Was
umso schmerzlicher zu fehlen scheint, ist ein echtes,
überzeugendes Vorbild. „Flexibilität", „Mobilität",
„Vision" und „Strategie": Wo ist ein Mann, der all die
neue Tugend in Person verkörpert? Hat es ihn je gegeben, diesen Mann?

Ja. Heute vor 480 Jahren tritt er an die Spitze des
ersten modern organisierten Unternehmens der Geschichte. Ignatius von Loyola. Am 22. April 1541, im
Alter von fünfzig Jahren, wird der Spanier in Rom
erster General der neugegründeten „Gesellschaft
Jesu". Des Jesuitenordens. Der „Compañia de Jesús".

General, das klingt so militärisch wie die Helden-
taten des jungen Ignatius bei der Verteidigung der
Festung Pamplona. Und doch ist es kein Zufall, dass
Pater Bobadilla, sein Vertrauter seit den Pariser
Studienjahren, den Charakter des Ordensgründers
mit einem Begriff umschreibt, der eher dem

modernen Wirtschaftsleben entnommen scheint. Ignatius von Loyola, sagt Bobadilla, war der „padrone assoluto", der „absolute Chef".

„Wenn Hochwürden Ignatius einen Befehl erteilt", schreibt, wohlgemerkt, Ignatius selbst, „so hat jeder sofort zu folgen, als ob er die Stimme des Herrn vernähme, der im Namen seiner göttlichen Majestät befiehlt. Ein jeder muss in diesem Fall so blind und schnell gehorchen, dass er, falls er am Beten ist, das Gebet sofort abbricht, falls am Schreiben, bei der Stimme des Chefs, das heißt: bei der Stimme Gottes, den angefangenen Buchstaben, zum Beispiel a oder b, unvollendet lässt."

Mobilität. Alles, was die alten Mönchsorden schwerfällig und unbeweglich machte, schafft der neue Chef des neuen Ordens ab: das feierliche Chorgebet, das Ordenskleid, ja das Kloster überhaupt. Anstatt der benediktinischen Regel der „stabilitas loci", des beschaulichen Verweilens am Ort, erfindet er ein ganz neues Gelübde, mit dem sich jeder Jesuit verpflichtet, jederzeit an jedem beliebigen Ort der Erde einsatzbereit dem Papst zur Verfügung zu stehen.

„Mobilität" als Religion. Und „Flexibilität". In aller Munde ist das neue Wort. Aber was heißt das eigentlich, „Flexibilität"? Ignatius von Loyola hat es als erster unmissverständlich definiert. „In den Händen meines Chefs", schreibt der absolute Chef,

„soll ich sein wie ein weiches Wachskügelchen in den Fingern dessen, der es formt."

Für jene, die das Bild nicht schnell genug begreifen, fügt er ein zweites hinzu: In den Händen meines Chefs soll ich sein „wie ein Leichnam, der keinen eigenen Willen hat und kein eigenes Gefühl".

„Kadavergehorsam": Der Begriff hat viel Empörung ausgelöst. Zu Unrecht. Keiner hat so gut wie Ignatius gewusst, dass erfolgreiches Management den Mitarbeiter aus dem willenlosen Ausführen von Befehlen stufenweise hinaufführen muss in höhere Formen der Motivation. Zu diesem Zweck hat er die erste völlig moderne Methode des Motivationstrainings entwickelt. Das sind die vierwöchigen „Exerzitien".

Wie ein Nachwuchs-Manager im Psycho-Seminar lernt der Novize in den ignatianischen „Exerzitien", seine Motivationsstruktur in unzählige „Punkte" aufzulösen, jeden dieser „Punkte" zu analysieren, zu kontrollieren und neu auszurichten auf jene Vision, die der heilige Ignatius in der Ordenssatzung 104-mal wiederholt: „Omnia ad majorem Dei gloriam – alles zur höheren Ehre Gottes."

Heute gilt es als selbstverständliche Voraussetzung des unternehmerischen Erfolgs, dass die Mitarbeiter sich in ihrem ganzen Denken mit der Vision ihres Unternehmens identifizieren, dass also ein IBM-Man die Welt mit IBM-Augen sieht, ein Apple-

Man die Welt mit Apple-Augen. Genau das hat Ignatius als erster erkannt und praktiziert, wenn er seinen Jesuiten vorschreibt: „Wir müssen so mit der Katholischen Kirche übereinstimmen, dass, wenn sie etwas für schwarz erklärt, was uns dem ersten Anschein nach weiß erscheint, wir dasselbe schwarz nennen müssen."

„Gehorsam des Denkens". Nur durch ihn erreichen wir die höchste Stufe der Motivation. Das ist der „vorauseilende Gehorsam". So sehr habe ich mich identifiziert mit dem Denken, mit dem Willen meines Chefs, dass er mich hinschicken kann, wo er will, hochmotiviert, flexibel und mobil tue ich ganz von selber genau das, was der Vision meines Chefs entspricht.

Nicht, dass der Jesuitengeneral ein Visionär gewesen wäre wie seine Zeitgenossin, die heilige Theresia von Avila. Während *sie* den Himmel über Spanien voll von Farben und Figuren sah, wirken *seine* Ekstasen blass und dürftig. Jesus erscheint ihm zum Beispiel als farblos schimmerndes Stabmännchen, die Göttliche Dreifaltigkeit gar als riesiges Klavier mit nur drei Tasten. Vision im klassischen Sinne ist das nicht.

Es ist moderne Vision. Strategische Vision. Nicht auf das schöne Bild der Gottheit kommt es an, sondern auf das, was die göttliche Erscheinung will. „Mein Wille ist es", sagt Jesus zu Ignatius, „die gesamte Welt und sämtliche Feinde zu unterwerfen."

Spanische und portugiesische Kapitäne hatten die ganze Welt geöffnet für die neuen europäischen Handels-Gesellschaften. Genauso sollte jetzt die neugegründete „Gesellschaft Jesu" den neuen grenzenlosen Markt der Welt für Christus erobern. Und Ignatius war Stratege genug, um zu erkennen, dass diese Unterwerfung nicht mehr mit den alten militärischen Mitteln der Kreuzritter zu erfolgen hatte, sondern, neu und modern, mit den Mitteln der Kommunikation.

Allein das Verzeichnis der Briefe, die der Jesuitengeneral seinem Sekretär Polanco in neun Jahren diktierte, also nicht die Briefe selbst, sondern nur ihre Auflistung, umfasst 1597 Seiten. Wie in einem elektronischen Netzwerk der Kommunikation liefen so sämtliche Informationen, Kontrollen und Entscheidungen des neuen Ordens beim absoluten Chef in Rom zusammen. Er sei seine „Hand", hat Ignatius über seinen Sekretär Polanco gesagt. Ich würde sagen: Pater Polanco war das Handy des heiligen Ignatius.

Strategie fängt damit an, dass der Chef den eigenen Standort fest im Griff hat. Dafür, sagte der heilige Ignatius zu Pater Manare, gebe es ein untrügliches Zeichen: die Sauberkeit am Standort. Präziser gesagt: die Sauberkeit am Standörtchen. Im römischen Professhaus erließ der absolute Chef strenge Instruktionen nicht nur für die tägliche blitzblanke Reinigung des Klos, sondern auch für die tägliche Kontrolle der Reinigung. So oft als möglich sah er selber nach. Und wehe, wenn der heilige Ignatius die Klotüre oder, was ihn besonders ärgerte, den Klodeckel offen fand. Sofort ließ er den Schuldigen ermitteln und vor aller Augen im Speisesaal auspeitschen.

Noch war das Taschentuch nicht erfunden. Dennoch fand es Ignatius unerträglich, wenn seine Mitarbeiter sich, nach Art der Zeit, auf den Boden schnäuzten. An allen möglichen Ecken des römischen Professhauses ließ er deshalb geeignete Näpfe aufstellen, in die er sich selber vorbildlich schnäuzte.

Unpolierte oder gar unordentlich auf den Zimmern herumliegende Schuhe gab´s nicht beim heiligen Ignatius. Als er einmal einen älteren Mitbruder, einen angesehenen Gelehrten, mit aufgelöstem Schuhbändel erwischte, verurteilte er ihn dazu, sein Abendessen vor aller Augen am Katzentischchen kniend einzunehmen.

Besucher aus fernen Ländern pflegten den väterlichen Charme zu rühmen, mit dem der absolute Chef sie in Rom empfing. Seine engsten Mitarbeiter haben von diesem Charme wenig gespürt. In neun Jahren, klagte Polanco, der Sekretär, habe er „kaum jemals ein gutes Wort" gehört. Seinen engsten Vertrauten, Jerónimo Nadal, stauchte er oft so zusammen, dass der Unglückliche sich abends in bittere Tränen aufzulösen pflegte. Nicht besser ging es Pater Laínez, dem späteren zweiten Ordensgeneral. Nach seiner Rückkehr aus Flandern nach Rom, so schildert es Laínez selbst, sei er vom Chef immer wieder so hart angefahren worden, dass er schließlich unter schweren Depressionen gelitten und abends oft gebetet habe: „O Gott, was habe ich verbrochen, dass dieser Heilige mich so behandelt?"

Ja, so streng konnte der heilige Ignatius sein. Als er einmal einen jungen, noch studierenden Mitbruder dabei erwischte, wie er einem andern zum Spaß einen Klaps auf den Hintern versetzte, und so die „regula tactus" verletzte, das Verbot, sich gegenseitig zu berühren, warf er den Schuldigen fristlos aus der „Gesellschaft Jesu".

Mit Nörglern und Besserwissern machte der heilige Ignatius besonders kurzen Prozess. So warf er einmal, auf einen Schlag, acht junge Ordensbrüder aus dem Römischen Kolleg, ein anderes Mal zehn, zu Pfingsten 1555, als wäre es die Apostelschar, zwölf auf einmal. So ist es gewiss nicht falsch, den heiligen Ignatius auch als Erfinder der „Personalverschlankung" zu verehren, des „Downsizing", wie deutsche Unternehmer heute sagen.

Neun Gefährten waren es gewesen, die ihm am 22. April 1541 Gehorsam geschworen hatten. Fünfzehn Jahre danach, bei seinem Tod, waren es kaum mehr als tausend. Zum Vergleich: Der Dominikanerorden, lange Zeit die eigentliche Konkurrenz des Jesuitenordens, zählte zu diesem Zeitpunkt etwa 30.000 Mönche. Doch was waren die 30.000 faulen Mönche des heiligen Dominikus gegen die tausend jungen Jesuiten mit ihrer überlegenen Mobilität und Flexibilität, Vision und Strategie? Als „Fürstenbeichtväter", zuerst in Lissabon, dann in Madrid, in Paris, in Wien schickten sie sich an, subtil und souverän die Herrscher der Welt zu beherrschen. Und all den deutschen Ketzern, die eben noch ihren Hohn so übermütig ausgegossen hatten über die verwahrloste, verkommene Kirche Roms, saß jetzt, tief in den protestantischen Knochen, der „Jesuitenschreck".

An der römischen Kurie war die Macht der Jesuiten schon zu Lebzeiten des heiligen Ignatius so groß, dass selbst Papst Paul IV, der Caraffa-Papst, der doch den Spanier von ganzem Herzen hasste, es niemals wagte, ihn anders zu empfangen als mit allen Zeichen höchster Ehrerbietung. Nie musste der „absolute Chef", wie andere Leute, vor dem Papst knien, nie auch nur unbedeckten Hauptes stehen. Erst als der Jesuitengeneral am 31. Juli 1556 starb, wagte Gottes Stellvertreter zu sagen, was er dachte:

Ignatius von Loyola, so das Urteil Papst Pauls IV, sei ein „Tyrann" gewesen.

Hier irrt der Papst. Ignatius von Loyola war kein später Nachfahre antiker Tyrannen, sondern ein kühner Vorläufer moderner Unternehmensführung. „Flexibilität" und „Mobilität", „Vision" und „Strategie", all die neuen Tugenden, von denen heute bei uns eine Legion von Möchtegern-Ignatiussen redet, der spanische Heilige hat sie, im prophetischen Vorgriff auf die Moderne, als erster umgesetzt in die Tat. Und noch in seiner Unerträglichkeit ist er der Archetyp des ganz normalen postmodernen Chefs.

Franz Xaver auf den Molukken

Worin wir lernen, Heiden gar nicht erst zu missionieren.

Vielleicht gibt es in ganz Asien keinen Ort, wo die Schwermut historischer Vergeblichkeit den Besucher so überkommt wie in der portugiesischen Altstadt von Goa. Was hier zu sehen ist, sind ja nicht nur ein paar kümmerliche Nachahmungen europäischer Barockkirchen, wie sie die Spanier in Manila hinterlassen haben. Verglichen mit der wimmelnden Millionenstadt Manila ist das alte Goa nur ein verlassenes Ruinenfeld, doch die Ruinen seiner Kirchen und Klöster sind so ungeheuer groß, dass den Besucher der Eindruck überwältigt: Wenig hat gefehlt, dann wäre dies das Rom des Ostens geworden. Wenig hat gefehlt, und Goa wäre heute Asiens christliche Metropole.

Mitten drin, gerade restauriert und doch schon wieder hoffnungslos im Monsun vermodernd, die Basilika der Jesuiten. Vom frühen Morgen bis zum späten Abend, niemals abreißend, zieht ein Strom von indischen Christen durch diese Kirche. Hier, auf einem marmornen Katafalk hoch aufgebahrt, ruht der heilige Franz Xaver.

Am 7. April 1541, im Alter von 35 Jahren, ist Franz Xaver von Lissabon nach Goa aufgebrochen. Mit mehr als 700 portugiesischen und spanischen Abenteurern ist sein Schiff, die „Santiago", zum Kentern überfüllt. Und alle haben nur eines im Sinn: Vasco da Gama! Hinter ihm her ums Kap der Guten Hoffnung nach „Ostindien". Das große Geschäft machen in Asien. Das ganz große Geschäft für eine „compañia", für eine der zahllosen im Fieber der ersten Globalisierung gegründeten „companies". „Compañia" nennt sich auch, in voller Absicht, der neue Orden der katholischen Kirche, in dessen Auftrag Franz Xaver nach Ostindien aufbricht. Es ist die „Compañia de Jesus". Wörtlich „Jesus & Co.". Der Jesuitenorden.

Zehn Jahre lang hatte der Baske Franz Xaver in Paris zuvor Theologie studiert. Theologie im Quartier latin. Theologie so lange und so lustig, dass nicht einmal Peter Paul Rubens es wagen wird, diesen Heiligen mit der Lilie der Keuschheit darzustellen. Doch dann, mitten im Quartier latin, gerät er an einen Landsmann von anderem Kaliber. Aus dem Munde von Ignatius von Loyola und in der Sprache Roms vernimmt Franz Xaver die Worte des Gekreuzigten: „Sequere me! Folge mir nach!"

Im Auftrag der neugegründeten „Compañia de Jesus" ist er jetzt, aus Rom kommend, über Lissabon nach Goa unterwegs. Mit einer Mission, wie sie, so verwegen, so phantastisch, nur einer spanischen Compañia in den Sinn kommen kann: Den neuentdeckten asiatischen Kontinent, ganz „Ostindien", will Franz Xaver, hinter Vasco da Gama her, zum Christentum bekehren.

Doch die „Santiago" ist viel zu spät losgesegelt. Nur bis vor die Küste von Guinea kommt sie. Dann stehen die Winde still. In der sengenden afrikanischen Hitze monatelang kein Hauch. Aus der Tiefe des Schiffs steigen die Ratten hoch; oben brechen Seuchen aus. Statt Heiden zu bekehren, ist Franz Xaver damit beschäftigt, sterbende Christen zu trösten. Dabei ist ihm selber sterbensübel.

Plötzlich hebt sich der Wind. Ein Sturm ist das, der die Santiago quer über den Atlantik bis vor die Küste Brasiliens bläst. Ein zweiter Sturm bläst sie nach Afrika zurück und ums Kap der Guten Hoffnung herum. Vor der Küste von Mosambik setzt der Kapitän den sterbenskranken Apostel Asiens, mit allen guten Wünschen zur Genesung, auf einer afrikanischen Koralleninsel aus.

Durch Gottes wunderbare Fügung genest er wirklich, findet ein neues Schiff und erreicht, mehr als ein Jahr nach seiner Abfahrt aus Lissabon, die wichtigste Festung der Portugiesen an der Westküste Indiens. Franz Xaver geht in Goa an Land.

Noch ist kaum eine der großen Kirchen gebaut. Im sommerlichen Monsunregen ist Goa nicht mehr als ein traurig versumpftes Kolonialnest. Christentum? Die meisten Portugiesen tragen einen Rosenkranz am Gürtel. Aber nicht um zu beten, sondern um die Stockschläge zu zählen, die sie den Indern verpassen. Nichts wie raus aus Goa!

Wohl braucht Franz Xaver den portugiesischen Hafen als sicheren Stützpunkt, zu dem er immer wieder zurückkehren wird. Doch er hat anderes im Sinn: Ihn bewegt der Satz, in den Vasco da Gama sein asiatisches Abenteuer zusammengefasst hat: „Wir kamen Christen suchen und Gewürze." Die Gewürze sind gefunden. Was aber hat Vasco da Gama gemeint, als er davon sprach, in Asien Christen zu *finden*?

Die Thomas-Christen! In der Bibel festgehalten sind ja nur die Fahrten des Apostels Paulus. Tatsächlich aber waren es viele hundert Wanderprediger, die das allererste Christentum nicht nur nach Westen getragen haben, sondern genauso nach Osten. Unter ihnen der Apostel Thomas. Was ist aus diesen Christen des Ostens geworden?

Im Süden Indiens haben die Portugiesen uralte christliche Gemeinden entdeckt, die ihre Gottesdienste auf syrisch feiern, in der frühesten Kultsprache der antiken Christenheit. Bei Madras (heute Chennai) verehren sie das Grab des Apostels Thomas.

Auf nach Madras!

Auf halbem Weg, in der Straße von Ceylon, bleibt Franz Xaver bei den tamilischen Perlenfischern hängen. Seine bloße Erscheinung löst dort Stürme der Begeisterung aus. Das liegt, so will noch heute die Legende, an zweierlei. Mehr als zwei Meter groß sei Franz Xaver gewesen und habe deshalb die kleiner gewachsenen Asiaten durch seine schiere Körpergröße fasziniert. Überdies habe er das Evangelium, wo immer er hinkam, *infusione divina*, durch „göttliche Eingießung", in der Sprache des Landes perfekt gepredigt.

Ein Blick auf den gläsernen Sarkophag in Goa: Franz Xaver war großgewachsen, jedoch nicht ungewöhnlich groß. Vielleicht haben ihn die Asiaten so groß wahrgenommen, weil er, auf stumme Gesten angewiesen, ein Kruzifix immerzu hoch in den Himmel reckt. Was nämlich die *infusio divina* angeht, so schreibt Franz Xaver in seinen Briefen selbst, er habe unsägliche Mühe mit den indischen Sprachen. Das Schlimmste sei, dass es in den Sprachen des Ostens offenbar nicht einmal ein Wort gebe für das, was Christen unter „Gott" verstehen. So raten ihm seine indischen Übersetzer, den christlichen Gott „Shiva" zu nennen. Das aber ist der Gott der Zerstörung. Was hat Shiva gemein mit dem christlichen Schöpfer oder gar mit dem christlichen Erlöser? Oder soll Franz Xaver doch, da er ein anderes Wort nicht findet, den Indern Shiva verkünden?

Noch mehr bedrückt ihn eine politische Erkenntnis. Warum empfangen ihn die Perlenfischer so begeistert? Weil sie den untersten Kasten angehören. Dass ein Prediger aus dem Westen sich um sie kümmert, ist für sie eine unbegreifliche Überraschung. Das Evangelium den Armen zu predigen, ist aber schon in Europa Romantik. In Asien ist es Wahnsinn. Wer hier zu den untersten Kasten geht, diskreditiert sich hoffnungslos bei den herrschenden Kasten. Bei den Fürsten.

Um so aufmerksamer hört Franz Xaver portugiesischen Kapitänen zu, deren Schiffe aus dem indonesischen Archipel, mit Pfeffer reichbeladen, nach Goa zurückkehren. Dort, viel weiter im Osten, gebe es reiche, mächtige Könige, denen so viel am Handel mit Portugal läge, dass sie bereit seien, sich taufen zu lassen.

Auf zu den Molukken!

Auf einem schmalen malaiischen Segel-Ruderboot gelangt Franz Xaver, zwischen allen Inseln und Riffen Indonesiens hindurch, bis fast nach Neuguinea. Auf den Molukken empfängt ihn der mächtige König von Ternate mit großem Wohlwollen. Eindrücklich schildert ihm Franz Xaver, wie Jesus Christus, Gottes Sohn, für uns am Kreuz gestorben ist. Der König von Ternate weint. Er ist bereit, sich taufen zu lassen. Doch dann stellt der König dem Apostel eine kurze, allerletzte Frage: „Wie viele Frauen darf ich haben"? „Nur eine", sagt Franz Xaver streng.

Ende einer Bekehrung. Der König von Ternate zieht die hundert Frauen in seinem Harem dem Kreuz Jesu Christi vor. Und so die anderen Könige auf den Molukken alle. In Franz Xaver steigt eine bittere Erkenntnis auf: Wo immer das Christentum in Konkurrenz tritt zum Islam, hat es bei Asiens Fürsten von vornherein verspielt.

Eine neue große Entdeckung portugiesischer Seeleute reißt ihn aus der Niedergeschlagenheit. Im äußersten Osten Asiens, berichten sie, gebe es ein Volk, das anders sei als alle andern Asiaten: in den Geschäften mit Fremden ehrlich, lernbereit und von erlesener Höflichkeit. Klöster gebe es in jenem Land, deren Mönche wie christliche Mönche lebten. Einzigartig in Asien sei an diesem Volk vor allem eines: Alle Männer, selbst die Fürsten, hätten dort nur eine Frau.

Auf nach Japan!

Die neuentdeckte Route nach Japan gilt als ungemein gefährlich. Der vielen Seeräuber wegen. Warum sich also nicht gleich einem Seeräuber anvertrauen? Versteckt im Bauch einer chinesischen

Piratendschunke bricht Franz Xaver von einem kleinen Hafen bei Singapur nach Japan auf.

Zwei Jahre lang wird er sein Kruzifix hoch in den Himmel über Japan recken. Von Kagoshima im Süden bis in die Kaiserstadt Kyoto. Überall wird er von buddhistischen Mönchen und von Shinto-Priestern zu religiösen Gesprächen eingeladen. Mit großer Höflichkeit lauschen sie ihm. Doch zuletzt eine Frage, jedes Mal die gleiche: Wie es denn komme, dass China nicht christlich sei? In der Religion sei doch China, China allein, maßgebend. Das sagen dem heiligen Franz Xaver die Japaner. Und geleiten ihn, mit großer Höflichkeit, zur Tür.

Alles, was er bisher in Asien unternommen hat, das wird Franz Xaver in Japan klar, war strategische Stümperei. Das Schicksal dieses Kontinents entscheidet sich nicht in Indien, nicht auf den Molukken und auch in Japan nicht.

Auf nach China!

Ein portugiesischer Frachter bringt ihn bis nach San Tschao. Das ist eine kleine Insel vor dem Hafen von Kanton (heute Guangzhou). Dort, zwei Meilen vor der chinesischen Küste, wird Franz Xaver die Vermessenheit seines Unternehmens klar.

Bei Todesstrafe ist jedem Chinesen verboten, einen Europäer ins Land zu bringen. Schließlich findet sich ein chinesischer Menschenschmuggler, der verspricht, für zwanzig Zentner Pfeffer seinen Kopf zu wagen.

Im kalten Winter 1552 wartet Franz Xaver auf das Boot, das ihn nach China bringen soll. Er wartet vergeblich. Statt des Menschenschmugglers kommt der Tod.

Nicht an einer bestimmten Krankheit ist Franz Xaver gestorben, sondern an allgemeiner völliger Erschöpfung. Mehr als hunderttausend Kilometer hat er in zehn Jahren durch Asien zurückgelegt: zu Fuß, auf Ruderbooten, auf Dschunken. Und was hat er erreicht?

Im Delirium, so wird berichtet, habe der Sterbende nur noch baskisch gesprochen. Verständlich gewesen aber sei sein letzter Satz. Es sind jene Worte des Gekreuzigten, die er einstmals in Paris vernommen hat, aus dem Munde von Ignatius von Loyola und in der Sprache Roms:

„Sequere me! Komm, folge mir nach!"

Wie der katholische Terrorist Guy Fawkes
den König von England
in die Luft sprengen wollte

Worin wir lernen, die Friedfertigen selig zu preisen.

Manche reden von „Aktivisten". Manche reden von „Terroristen". So reden wir heute. Im England des 17. Jahrhunderts gab es nur *ein* Wort: „plotters", „Verschwörer" waren das allesamt.

Verschwörungen hat England viele erlebt. Doch nichts hat die Insel so entsetzt, auf Jahrhunderte hinaus so erschüttert wie das „Gunpowder Plot", die „Schießpulver-Verschwörung" von 1605. Dreizehn junge Männer waren das, und einer von ihnen hieß Guy Fawkes. Nichts weniger hatten die Dreizehn vor, als die königliche Familie samt der Regierung, samt dem ganzen Ober- und Unterhaus und allen Bischöfen der Kirche von England aus Westminster hoch in die Luft zu sprengen. Mit einem einzigen gewaltigen Knall.

Was bringt junge Männer auf derart explosive Ideen? In neueren Berichten des Verfassungsschutzes ist häufig die Rede von „Extremisten mit religiösen Motiven". Im England jener Jahre waren das die „Papisten".

1535 hatte der Papst dem englischen König Heinrich VIII die Scheidung verweigert und damit auch eine zweite Heirat mit seiner Geliebten Ann Boleyn. Der König riss darauf die englische Kirche von Rom los und ernannte sich selber zu ihrem religiösen Oberhaupt. Als sein Kanzler Thomas Morus sich ihm widersetzte, ließ Heinrich ihn vor dem Tower hinrichten. Heinrichs Tochter, Königin Elisabeth I, organisierte die Verfolgung der Katholiken so systematisch, dass die englische Historikerin Antonia Fraser bereits von einem „modernen Polizeistaat" spricht.

Doch dann der Augenblick, auf den kein Papist mehr zu hoffen gewagt hatte. 1603 starb die Tudor-Königin Elisabeth. Ein Stuart sollte ihr nachfolgen: James, der Sohn jener katholischen Schottin Maria Stuart, die von Elisabeth hingerichtet worden war. Als Jakob VI war er schon König von Schottland, als Jakob I von England sollte er die beiden Staaten zu Großbritannien vereinigen. Jetzt betonte er in vielen Gesprächen, wie hoch er, obwohl selber Calvinist, seine katholische Mutter Maria verehre. Den Papst schrieb er gar als „Allerheiligsten Vater" an. In England verbreitete sich die Gewissheit, unter dem Schotten werde es für die Katholiken ein Toleranz-Edikt geben, wie zuvor in Frankreich unter Heinrich IV für die Protestanten.

Doch sobald Jakob fest auf seinem Thron in London saß, war kein Gedanke mehr an Toleranz. Nur um sich gegen andere, katholische Thronanwärter

durchzusetzen, hatte er den katholischen Groß-
mächten auf dem Kontinent ein Toleranzverspre-
chen für die englischen Katholiken vorgegaukelt.
Statt eines Toleranz-Edikts kündigte er jetzt eine radikale Verschärfung der antipapistischen Gesetze
an.

Die Bestürzung in der katholischen Minderheit
war abgrundtief. Doch was tun? Aus Rom brachten
die Jesuiten die Anweisung Papst Clemens VIII, jetzt
still zu halten, bis vielleicht eines Tages doch ein er-
neuter dynastischer Wechsel der Bedrückung ein
Ende setzen würde.

Da es in England keine katholischen Bischöfe
mehr gab und fast alle papsttreuen Priester hingerichtet waren, hatte – höchst ungewöhnlich – ein
Netzwerk von Frauen die Leitung der verfolgten
Kirche übernommen. Diese Frauen waren entschlossen, dem Papst zu gehorchen und in der Verfolgung auszuharren. Doch da waren nicht nur die
Frauen. Es gab im katholischen Untergrund auch die
zornigen Männer. Junge Männer wie Guy Fawkes.
Weil er in England als Katholik nichts werden
konnte, hatte er in den spanischen Niederlanden
soldatischen Ruhm erworben und dazu ein katholisches Selbstbewusstsein, das nicht bereit war, sich
zu ducken.

Es ist jetzt wichtig zu wissen, dass Westminster
damals anders aussah als heute. Rund um das

Parlamentsgebäude gab es ein Labyrinth von Werkstätten und, unter dem großen Saal, ein Gewölbe, das als privates Lager diente. Es gehörte einer geschäftstüchtigen Witwe und stand zu vermieten. Ob die neuen Mieter zum König hielten oder zum Papst, interessierte die Witwe nicht.

In verwegener Logistik gelang es den dreizehn Verschwörern, 36 Fässer voll Sprengstoff unbemerkt in das Gewölbe unter dem Parlament zu schmuggeln. Der schicksalhafte Tag der Feierlichen Parlamentseröffnung stand bevor. Da geschah, was kein Katholik, kein Protestant voraussehen konnte: Eine Seuche brach in London aus. Die Parlamentseröffnung wurde verschoben.

Nichts ist so gefährlich für ein Attentat wie die Verschiebung. Höchste Anspannung sinkt platt in sich zusammen. Schlimmer noch: Der Sprengstoff jener Tage, das Schießpulver, in dem Gewölbe unter Westminster wurde es feucht. Also die ganze Logistik noch einmal von vorne. Erneut 36 Fässer durch London schmuggeln. Endlich ein neuer Termin für die Parlamentseröffnung. Doch dann eine zweite Welle der Seuche. Die Parlamentseröffnung noch einmal verschoben. Und somit auch das Attentat.

Mit jeder Verschiebung wurde auch die Geheimhaltung schwieriger. Was sie unter dem Siegel des Beichtgeheimnisses erfuhren, erfüllte die Jesuiten mit Entsetzen. Vor allem hatten die Verschwörer nur vage Vorstellungen, wie es weitergehen sollte nach dem großen Knall. Dringend rieten auch die Frauen den Verschwörern, aufzugeben und über den Kanal zu fliehen.

Zu spät für guten Rat. Denn inzwischen war die Parlamentseröffnung endgültig auf den 5. November 1605 festgesetzt. Noch war das neue Pulver unter Westminster trocken. So groß ihre Angst vor Verrat war, die Verschwörer entschlossen sich, das enorme Attentat zu Ende zu bringen.

Das Wichtigste hatten sie immer noch nicht bedacht: dass unter denen, die sie in die Luft sprengen wollten, einer war, der ihnen an Intelligenz weit überlegen war: Cecil Lord Salisbury. Ihn unterschätzten alle, Freund und Feind. Denn er war zwergenhaft kleingewachsen und ganz buckelig. „Mein Pygmäe", so verspottete ihn Königin Elisabeth. Doch der Zwerg war Englands mächtigster Mann. Nicht Elisabeth, sondern ihr Pygmäe war es gewesen, der im Krieg gegen Spanien, zur Rückendeckung gegen die eigenen Katholiken, England in einen modernen Polizeistaat verwandelt hatte. Mit seinen Spitzeln war der katholische Untergrund durchsetzt. Bevor die Jesuiten etwas ahnten, wusste Lord Salisbury alles.

Fünf Tage vor dem 5. November, dem endgültigen Termin der Parlamentseröffnung, geschah es in dunkler Nacht, dass ein Unbekannter einem Peer des Oberhauses einen Brief zusteckte: Er solle der Parlamentseröffnung fernbleiben. Der Peer hieß Lord Montaigue und galt als heimlicher Katholik. So heimlich allerdings, dass er mit dem verräterischen Brief sofort zu Lord Salisbury gelaufen kam. Der Zwerg reagierte unglaublich ruhig. „Lassen wir die Sache noch ein bisschen reifen!", war sein ganzer Kommentar.

Die Verschwörer dagegen waren in großer Angst und Aufregung. Aber zurück wollten sie auf Gedeih und Verderben nicht mehr. Sie beschlossen, dass am 5. November ein einziger im Gewölbe unter dem Parlament bleiben und die Lunte zünden sollte. Guy Fawkes übernahm das. Er war nicht der Anführer der Dreizehn. Aber er war der zuverlässigste, der treueste. Der Typ des guten Kameraden. „Einen besseren findst du nit."

Damit nicht im letzten Augenblick etwas schiefgehe, nahm Guy Fawkes außer einer Laterne ein damals höchst kostbares Instrument mit hinunter ins finstere Gewölbe: eine Taschenuhr. Gerade war er damit beschäftigt, die Lunte auszulegen, da ging hinter ihm die Tür auf. Lord Salisbury hatte beschlossen, dass die Verschwörung genügend „gereift" sei. Guy Fawkes wollte fliehen. Er kam nicht weit. Gefesselt wurde er dem Kronrat vorgeführt.

Zu keinem Geständnis war er bereit, nicht einmal seinen wahren Namen verriet er. „Nur eines", sagte er dem König ins Gesicht, „bereue ich, dass es mir nicht gelungen ist, dich über alle Berge nach Schottland zurückzusprengen." Der König fand das lustig. Doch dann verlangte er nach seinem Schreibzeug.

Feierlich hatte es die Magna Charta festgehalten: Kein Mensch in England durfte gefoltert werden. Aber galt das auch für „Extremisten mit religiösen Motiven"? Für Papisten konnte das nicht gelten. Das waren Landesverräter, Komplizen der Spanischen Inquisition.

Bei Guy Fawkes, schrieb der König, möge man „mit der milderen Folter" beginnen, doch dann übergehen „usque ad ima" – „bis zum Schlimmsten". Nach drei Tagen war sein Körper so gebrochen wie sein Selbstbewusstsein. Alles, was er wusste, gab er preis.

Das Scheußlichste stand den Verschwörern noch bevor: die öffentliche Hinrichtung. Vor gaffendem Volk wurde jedem zuerst das Geschlechtsglied abgehackt und vor seinen eigenen Augen verbrannt. Die Eingeweide wurden ihnen herausgerissen, gehenkt wurden sie, geköpft und geviertelt. Guy Fawkes aber war von der Folter so geschwächt, dass er beim Versuch, auf das Blutgerüst hochzusteigen, stürzte und sich das Genick brach. So blieben ihm die schlimmsten Qualen erspart. Das war am 31. Januar 1606.

Der 5. November aber, der Tag des gescheiterten papistischen Attentats, wurde zum Nationalfeiertag erklärt, in ganz England gefeiert mit Freudenfeuern, in denen Guy Fawkes verbrannt wurde: als Strohpuppe mit einer Gesichtsmaske, die spanisch anmutet. Als Landesverräter eben. Selbst der Vorname Guy wurde zum Schimpfwort und bedeutete jetzt soviel wie „Bösewicht", „Übeltäter".

Wie lange das so weiterging? Mehr als zwei Jahrhunderte. Bis 1829 das Parlament in Westminster mit dem „Roman Catholic Relief Act" der Unterdrückung ein Ende setzte. Nicht dem Papst zuliebe, sondern – im Gegenteil – im Sinne der Aufklärung und ihrer Forderung nach religiöser Freiheit. Katholiken durften fortan wieder Messen feiern, Eigentum erwerben, studieren und sogar wählen. Der antikatholische Nationalfeiertag geriet in Vergessenheit. Das Wort „guy" verlor seine böse Bedeutung. Sogar „a nice guy" kann einer inzwischen sein.

Nur Kinder laufen jetzt noch, als Guy Fawkes maskiert, bettelnd von Tür zu Tür: „Remember! Remember! The fifth of November!" Und meinen, der 5. November sei der Abschluss von Halloween.

Bis linke Aktivist*innen auf die närrische Kindermaske aufmerksam wurden. So etwas brauchten sie, um die Polizei anonymisiert zum Narren zu halten: als „Hacktivists anonymous" zuerst in London, später bei „Occupy Wallstreet" in New York. Maskiert als Guy Fawkes in Paris riefen sie nach dem Attentat auf Charlie Hebdo auf „zum Krieg gegen die religiösen Extremisten". Wörtlich so. Herr, vergib den linken Aktivist*innen, denn sie wissen nicht, wer Guy Fawkes war.

Die katholische Kirche aber, sie weiß es. Viele Märtyrer der englischen Katholikenverfolgung hat sie, angefangen bei Thomas Morus, heiliggesprochen. Nicht dabei ist Guy Fawkes. Unvorstellbar sein Altarbild: eine schwarzvermummte Gestalt, eine Lunte, ein Pulverfass, dazu die Inschrift: „Sancte Guy, ora pro nobis!" Kein Papst kann das gutheißen.

Merkt es euch, ihr zornigen jungen „Extremisten mit religiösen Motiven": Mit Sprengstoff wird man leicht zum Märtyrer. Zum Heiligen aber wird man mit Sprengstoff nicht.

„Selig die Friedfertigen"!

Kaiser Karl V in tiefer Einsamkeit

Worin wir lernen, dass ein kleiner Finger wichtiger ist als ein Weltreich.

Dass ein Papst zurücktritt, haben wir im 21. Jahrhundert als Sensation erlebt. Stärker noch hat es die Menschen des 16. Jahrhunderts bewegt, dass ein Kaiser auf die Krone verzichtet. Und es war nicht irgendein Kaiser, der am 25. Oktober 1555 im Stadtschloss von Brüssel vor die versammelten niederländischen Stände trat. Karl V war der letzte Kaiser, der, noch vom Papst gekrönt, den mittelalterlichen Anspruch verkörperte, über die ganze Christenheit zu gebieten. Zugleich, als Karl I von Spanien, war er Herr über ein Reich der Neuzeit, in dem von Europa bis nach Amerika, ja bis nach den Philippinen „die Sonne niemals unterging".

In Flandern war er geboren und aufgewachsen. Als jungen Geck, gekleidet in die farbigen Gewänder neuester burgundischer Moden, so hatten sie ihn dort in Erinnerung. Manche hatten Mühe, ihn wiederzuerkennen, wie er jetzt mit 55 Jahren zurückgekehrt war: in schwarzer Trauerkleidung, das Gesicht so aschfahl, so zermürbt, wie Tizian ihn zuletzt gemalt hat.

Bevor er selber sprach, bat der Kaiser einen seiner Vertrauten, den Rat Philibert von Brüssel, auszusprechen, was ihm selber wohl nicht über die Lippen kommen wollte:

„Unser Souverän leidet an einer Krankheit, der ein Mensch mit aller Kraft nicht lange widerstehen kann. Wie ein grausamer Scharfrichter verkrüppelt sie ihn, sodass er seine Glieder nicht mehr gebrauchen kann und sein Geist durch diese Qualen so schwer beeinträchtigt wird, dass er nicht mehr fähig ist zu ernsthafter Betätigung."

Mit dem rechten Arm auf seinen Stock gestützt, mit dem linken Arm sich festhaltend an Wilhelm von Oranien, erhob sich jetzt der Kaiser und verkündete seinen Beschluss, das Reich seinem Bruder Ferdinand in Wien zu übergeben, die spanischen Länder seinem Sohn Philipp.

Aber wird man ein Weltreich in einem Tag los? Derart verworren waren die Herrschaftstitel Karls V nicht nur in Deutschland, sondern auch in Italien, in Burgund, den Niederlanden und selbst in Spanien, dass sich die Abdankung über ein Jahr hinzog. Dann erst schiffte Karl sich in Vlissingen ein. Was er jetzt brauche, ließ er die Niederländer wissen, sei der „milde und heilsame Himmel Spaniens". Hatte er nicht die glücklichsten Tage seiner Jugend unter dem wundermilden Himmel Andalusiens verbracht, in Sevilla, in Granada?

Zum Entsetzen seiner Ärzte hatte Karl etwas anderes im Sinn. Bei Santandér, an Spaniens stürmischer Nordküste, ging er an Land. Von dort ließ er sich, da er nicht mehr reiten konnte, in einer Sänfte hochtragen bis hinauf in die Estremadura. Das ist das Gegenteil von Andalusien. Frostig, neblig, feucht und lang verschneit ist diese öde Sierra im Westen von Madrid. Und mitten in der Estremadura das einsame Kloster San Yuste. Was in aller Welt hat Karl dort gesucht?

Nur eines. Noch heute ist keine Gegend Spaniens von Touristen so wenig heimgesucht wie die Estremadura. Wer sich hier niederlässt, findet Ruhe. Absolute Ruhe, Ruhe vor aller Welt gesucht hat Karl V. in San Yuste.

Schon lief in Deutschland das Gerücht um, der Kaiser sei in ein spanisches Wüstenkloster eingetreten. Als Mönch. Einsiedler gar sei er geworden. Das Gerücht wird sich später zur Legende steigern, zum Stoff für vielgelesene historische Romane.

So schlimm war es nicht. Karl ist nicht bei den Mönchen von San Yuste eingetreten. Vielmehr hat er sich draußen, an die Wand des Klosters, eine elegante Villa im italienischen Stil anbauen lassen. Sie hatte zwei Stockwerke. Nur das obere hat der Kaiser selber bewohnt und dafür gesorgt, dass es nicht über eine Treppe, sondern über eine lange sanfte Rampe erreichbar war – gewiss keine asketische Einsiedelei, eher schon die erste barrierefreie Seniorenresidenz der Geschichte.

Mit flandrischen Gobelins, mit kostbaren Gemäl-
den und Möbeln war die einsame Residenz ge-
schmückt. Auch mit jener Sammlung seltener Uh-
ren, die das eigentliche Hobby des Kaisers war. Und
im schönsten Zimmer, mit Blick hinaus in die weite
Sierra, sein letzter Thron: der Gichtstuhl Karls V.
Wir stellen ihn uns am besten vor als eine Art Roll-
stuhl vor der Zeit, bereits ausgestattet mit verstell-
baren Fußstützen, doch ohne Räder. Sie waren auch
nicht nötig. Über fünfzig Diener warteten in San
Yuste auf einen Wink, um dem Hilflosen zu Hilfe zu
eilen.

Als Philibert von Brüssel bei Karls Abdankung
die Krankheit des Kaisers schilderte, hat er es nicht
gewagt, sie beim Namen zu nennen. Doch wussten
es alle im Saal: Karl V litt an der „Krankheit der Könige".

So wurde die Gicht damals genannt, durchaus zu
Recht. Eine ihrer Ursachen ist ja die erbliche Veran-
lagung. Besonders sicher wirkt sie in großen Dynas-
tien. Schon im 13. Jahrhundert litt der erste Habs-
burger auf dem deutschen Thron, Rudolf von Habs-
burg, so schwer an Gicht, dass er seine alten Tage
statt mit Regieren lieber in den Thermalbädern bei
Zürich verbrachte. Geradezu erblich war in Karls
besonderem Fall auch die zweite Ursache der Gicht.
Sein burgundischer Großvater, Karl der Kühne,
pflegte zu Gastmählern zu laden, die vier Tage und

vier Nächte ununterbrochen fortdauerten. Nicht nur den Namen, auch die Neigung zur Völlerei hat Karl V geerbt von Karl dem Kühnen.

Schon mit achtundzwanzig Jahren bekam er seinen ersten Gichtanfall. So unerwartet, auch so schwer waren später die Anfälle, dass ihm auf allen Reisen, in all seine Kriege sein Gichtstuhl nachgetragen werden musste. 1552 verlor er gegen Franz I den Krieg um Lothringen, weil ihn bei der Belagerung von Metz die Gicht so unerbittlich niederwarf, dass er keine Befehle mehr geben konnte und man ihn im Gichtstuhl aus dem Feld wegtragen musste. Damals hatte er zum ersten Mal an Rücktritt gedacht.

Noch jetzt aber, in San Yuste, missachtete er souverän alle ärztlichen Ratschläge zur Mäßigung. Schon vor dem Frühstück trank er eiskaltes Bier. Danach, so wird berichtet, labte er sich an „frischen oder eingepökelten Austern, Sardellen, Sardinen, in Eis herbeigeschafften Seefischen, Aalpasteten, Rebhühnern und scharf gewürzten spanischen Würsten". Seit einem Unfall, bei dem sein Gichtstuhl umkippte und er mit dem Gesicht so unglücklich aufschlug, dass er die meisten Zähne verlor, schlang er Fleisch unzerkaut in großen Brocken hinunter.

Als Sterbezimmer eingerichtet hat sich Karl das hintere Eckzimmer seiner Wohnung. Mit schwarzen Vorhängen waren die Wände düster verhängt.

Einzige Lichtquelle war ein Innenfenster, das der Kaiser durch die Außenwand der Klosterkirche hatte schlagen lassen, sodass er in seinen letzten Tagen vom Bett aus auf den Hauptaltar der Klosterkirche blicken und so an der Messe teilnehmen konnte. Hier auch hat Karl seine letzten Beichtväter – es waren zum Schluss mehrere – empfangen.

Was ihn jetzt noch bedrückte, waren nicht jene „Sünden der Jugend", die König David im 25. Psalm bekennt. Jetzt, in der spanischen Einsamkeit, hatte sich ihm ein ganz anderer, ein deutscher Albtraum auf die kaiserliche Seele gelegt:

Martin Luther!

1521 auf dem Reichstag in Worms waren sie einander begegnet und hatten einander nicht verstanden. Luther lag daran, sein evangelisches Bekenntnis auf Deutsch abzulegen. Deutsch, behaupteten böse Zungen, spreche der Kaiser nur mit seinem Pferd. Wenn er das getan hat, so hat ihn sein Pferd bestimmt nicht verstanden. So schlecht sprach der deutsche Kaiser deutsch. Wie später bei seiner Abdankung in Brüssel, hat er schon auf dem Reichstag in Worms nur französisch gesprochen. Und Luther verstand kein Wort Französisch.

Es war nicht nur die Sprache, sondern mehr noch der Charakter. Luthers grobe Cholerik war das Gegenteil jener Ritterlichkeit, in der Karl V seinem habsburgischen Großvater, Kaiser Maximilian, nacheiferte. Aus Ritterlichkeit hatte er Luther das gegebene Wort gehalten. So erging es Luther in Worms anders als Hus in Konstanz. Trotz der Reichsacht konnte er unbehelligt aus dem Reichstag scheiden.

Aber hatte er recht getan, Luther das gegebene Wort zu halten? Ach, hätte er es nicht gehalten, warf Karl sich jetzt in San Yuste vor. War denn ein Kaiser verpflichtet, sein Wort einem Ketzer zu halten, einem Mönch, der Gott selber die Treue gebrochen hatte?

Als er jetzt erfuhr, dass sich in mehreren Städten Spaniens lutheranische Konventikel gebildet hätten, schrieb er seiner Tochter Juana, die für den abwesenden Philipp Statthalterin über Spanien war, er empfinde „mehr Gram und Schmerz, als ich in Worten auszudrücken vermag". In welchem Frieden habe doch Spanien bisher gelebt, während Deutschland vom Glaubensstreit zerrissen, vom Glaubenskrieg verheert würde. Damit Spanien nicht das unselige Schicksal Deutschlands erleide, solle seine Tochter sofort einschreiten und der übergroßen Nachsicht der Spanischen Inquisition ein Ende bereiten.

Karl war nicht Theologe, sondern, nach heutigen Begriffen, Politiker. In der Schlacht bei Mühlberg hatte er 1547 die protestantischen Fürsten Deutschlands noch einmal niedergekämpft. Aber er wusste, dass der Aufruhr schon viel zu weit um sich gegriffen hatte. In San Yuste sah er den mörderischen deutschen Bruderzwist, den dreißigjährigen Glaubenskrieg voraus. Und er hielt sich für schuldig.

In Spanien hat sich Karl V durchgesetzt. Der Anweisung aus San Yuste gehorchend, hat die Inquisition die ersten siebzig spanischen Lutheranos alle verbrannt. Der protestantische Aufstand war im Keim erstickt. Was wäre nicht Deutschland erspart geblieben, wenn er Luther in Worms hätte verbrennen lassen! Das war die Gewissensfrage, die den Kaiser zuletzt quälte.

Am 21. September 1558, im Alter von 58 Jahren, ist Karl V in San Yuste gestorben.

Ob es wirklich die Gicht ist, die ihn das Leben gekostet hat? Um hier Klarheit zu schaffen, schien es nötig, in der Königskrypta des Escorial-Palastes den marmornen Sarkophag zu öffnen, in dem der Leichnam Karls V heute ruht. Dazu allerdings hat das spanische Königshaus stets die Erlaubnis verweigert. Da fügte es sich, dass in der Sakristei des Escorial ein kleines Reliquiar gefunden wurde. In schwarzem Samt enthält es das äußerste Glied des kleinen Fingers Karls V.

Mediziner der Universität Barcelona haben es untersucht und das Ergebnis veröffentlicht. Die Bilder sind grauenhaft. Sie zeigen ein Fingerglied, das von Harnsäure-Nadeln völlig zerfressen ist. Und es waren nicht nur die Hände und die Füße. Bis in die Schultern quälte der Schmerz den Kaiser. „Gicht schlimmsten Grades", lautet die Diagnose aus Barcelona.

Gestorben ist Karl V dennoch an etwas anderem. Sein Leibarzt schrieb von Fieber. In Barcelona festgestellt worden ist Malaria. Ihm, in dessen Reich die Sonne nicht unterging, ist, in der feuchten Kälte der Estremadura der winzige Stich einer Mücke zum letzten Verhängnis geworden.

Papst Pius V und die Schokolade

Worin wir fasten lernen.

Der Guru saß auf seinem Leopardenfell im Allerheiligsten des Tempels von Bangalore im Süden Indiens. Nur mit einem Lendenschurz bekleidet, nahm er von seinem Himmelbett herab die Huldigung der Gläubigen entgegen.

In diesem Augenblick geschah es: Jemand hinter mir fing ganz schrecklich an zu lachen. Eine deutsche Studentin war das. Mit dem Finger wies sie auf ein lebensgroßes Foto des Gurus an der Wand. Es zeigte den göttlichen Meister nicht anders, als wie er vor uns saß: mit jenen enormen Fettwülsten, die ihm nach allen Seiten über den nackten Leib hingen, als wäre er eine Reklamefigur für Autoreifen. Unter dem Foto aber stand auf Englisch geschrieben; „Dieses Bild zeigt Seine Heiligkeit Shiva Bala Yogin, wie er durch zwölfjähriges strengstes Fasten zur vollkommenen Erleuchtung gelangte."

„Wie?", kicherte die junge Deutsche immerzu. „Ausgerechnet der hier soll zwölf Jahre lang streng gefastet haben?"

Nun ist Höflichkeit in Indien etwas ungleich Wichtigeres als in Deutschland. Als das Kichern hinter mir kein Ende nehmen wollte, hielt ich es für meine christliche Pflicht, mich umzudrehen und ein christliches Wort zu sagen: „Merken Sie denn nicht, dass Sie mit Ihrem Gelächter niemand anders lächerlich machen als sich selber? Hätten Sie aus Deutschland auch nur ein bisschen christliche Bildung nach Indien mitgebracht, dann wüssten Sie, dass dieser Mann hier gerade deshalb so dick ist, weil er tatsächlich zwölf Jahre lang streng gefastet hat." Als sie mich jetzt ganz ungläubig anstarrte, nahm ich sie beiseite. In einem stillen Winkel des Tempels von Bangalore erzählte ich ihr das süßeste Kapitel aus der christlichen Religionsgeschichte. Es ist die Geschichte von der Erfindung der Schokolade.

Wir sind im Jahre 1569. Auf seinem Purpurthron im innersten Gemach des Vatikans sitzt Papst Pius V, Pius der Heilige. Und es wäre bestimmt falsch, die Lage dramatischer zu erzählen, als sie ist: An diesem Morgen zerbricht Sankt Pius sich den Kopf über vieles – über die Schokolade bestimmt nicht. Mit vierzehn Jahren schon war dieser Papst Mönch geworden, Mönch im Dominikanerorden. Die Karriere, die er bis zu seiner Papstwahl in diesem Orden gemacht hat, fasst die offizielle kirchliche Biographie so zusammen: „Inquisitoris officium involabili animi fortudine diu sustinuit – Das Amt des Inquisitors hat er lange Zeit mit unerschütterlicher Charakterstärke ausgeübt." Mit anderen Worten: Ein Schokoladetyp ist der heilige Pius bestimmt nicht.

In einem endlosen Monolog unterhält er an diesem Morgen das Kardinalskollegium über seine neueste Zwangsidee: Papst Pius V will den größten Kreuzzug aller Zeiten gegen die Türken organisieren. Endlich wagt es einer der Kardinäle, ein Wort dazwischenzuwerfen: „Heiliger Vater, draußen wartet noch immer der Abgesandte der Bischöfe von Mexiko, Fra Girolamo di San Vincenzo. Er bittet dringend um eine persönliche Entscheidung Eurer Heiligkeit im großen mexikanischen Schokoladenstreit."

Dies ist der Bericht, den Fra Girolamo di San Vincenzo im Auftrag der Bischöfe Mexikos dem Heiligen Vater erstattete: Schon im Jahre 1502 war es Kolumbus auf seiner vierten Reise nach Amerika aufgefallen, dass die Rothäute aus mandelförmigen Bohnen ein braunes Getränk bereiteten. Cacahaquahuitl hieß der Baum, Cacahatl die Frucht, Xocoatl das Getränk, und es war für den europäischen Geschmack so scheußlich bitter und fett, dass es noch zwanzig Jahre später den spanischen Kriegern bei der Eroberung Mexikos auf der Stelle den Magen umdrehte.

Wahrscheinlich hätten die spanischen Plünderer nebst allem anderen auch den letzten Cacahaquahuitl-Baum in Mexiko umgehauen, wäre nicht im Tross des wüsten Heeres eine feinere Sorte Leute mitmarschiert. Das waren die Missionare: Priester, Mönche, Nonnen, mit einem Wort Leute, die vom

Essen und Trinken etwas verstanden. Etwa um die Mitte des Jahrhunderts begannen allerwärts in den neuen Klosterküchen Südamerikas verwegene Experimente. Denn die Zeit drängte. 1545 hatte das Konzil von Trient begonnen, und es war, genauso wie das jüngste Vatikanische Konzil, ein Reformkonzil. Allerdings verstand man unter Reform genau das Gegenteil von dem, was man heute darunter versteht: nicht Lockerung, sondern Verschärfung der Disziplin; also zum Beispiel: strenge Einhaltung der Fastengebote in den Klöstern.

Wir wissen nicht mit Sicherheit, welchem Kloster der Ruhm gebührt, als erstes das Konzil überlistet zu haben. Wahrscheinlich sind es die Nonnen des Klosters Unserer Lieben Frau von Guanaco, die zuerst die geniale Idee hatten, das Fett vom flüssigen Kakaobrei abzuschöpfen und ihm gleichzeitig soviel Vanille und Zucker beizugeben, dass sie das grässliche Getränk Xocoatl für den christlichen Geschmack in jene fabelhafte Schleckerei verwandelte, die wir heute Schokolade nennen. Auch hatten sie wohl als erste den Einfall, das Getränk nicht kalt zu servieren, wie das die Indianer taten, sondern heiß. Wenig später gelang es geistlichen Küchenmeistern in Guatemala, Schokolade als feste Speise in Tafelform zu konservieren.

Jetzt war kein Halten mehr. An allen Fast- und Bußtagen fanden in den Klöstern Südamerikas wahre Schokoladenorgien statt. Das Wunderbare an der Sache nämlich war, dass dabei die verschärften Fastengebote des Konzils von Trient streng eingehalten wurden. In den Verordnungen aus Rom war ja alles ganz genau geregelt, was Fleisch, Fisch und Ei betraf. Aber von Xocoatl war darin nicht die Rede. Von Schokolade hatten Papst und Konzil keine Ahnung.

Nur allzu schnell wurde das christliche Volk auf die Fastenschlemmereien in den Klöstern aufmerksam. Mit Sorge müssen wir hören, welche Ausmaße die fromme Schokoladensucht in der mexikanischen Provinz Chiapas annahm.

Dort schritten die Damen der gehobenen Gesellschaft am Schluss der Messe nicht mehr zur Kommunionbank, sondern ließen sich von ihren Dienern in der Kirche eine dampfende Tasse Schokolade servieren. Das gemeine Volk knabberte derweil Schokolade von der Stange. Als der Bischof von Chiapas, Bernardo de Salazar, gegen diesen Unfug mutig einschritt, wurde er von fanatischen Schokoladenanhängerinnen meuchlings vergiftet.

Jetzt naht der historische Augenblick. Nach allem, was wir über den Verlauf der Audienz wissen, hat Papst Pius V bei diesem Bericht aus Mexiko nämlich überhaupt nicht zugehört. Der Geist des Inquisitors ist ganz bei seinen phantastischen Kriegsplänen gegen die Türken. Er wisse, gesteht er seinen Kardinälen, nichts zu sagen zu diesem

Bagatellproblem aus Amerika, ja er wisse nicht einmal, wie Schokolade schmeckte, nie im Leben habe er von so etwas auch nur gekostet. Mit diesem Einwand allerdings hat Fra Girolamo di San Vincenzo aus Mexiko gerechnet. Extra, so versichert er dienstfertig, habe er ein ganzes Kistchen allerfeinster Schokolade aus Amerika mitgebracht. Ob Seine Heiligkeit nicht zur Probe ein Tässchen kosten wolle?

Wenig später riecht es in der Küche des Vatikans zum ersten Mal in der Geschichte nach dampfender Schokolade. Dann wird die Tasse dem Heiligen Vater feierlich gereicht. Ein feierlicher Augenblick ist es in der Tat. Zum ersten Mal in der christlichen Glaubensgeschichte wird ein dogmatisches Problem empirisch gelöst.

Der Inquisitor riecht. Der Inquisitor schnuppert. Dann nimmt der Inquisitor beherzt einen Schluck. Im selben Augenblick verzieht sich sein Gesicht zur Grimasse. Papst Pius V schüttelt sich vor Ekel. Und er spricht die historischen Worte: „Potus iste non frangit jejunium." Das heißt auf Deutsch: „Schokolade bricht die Fasten nicht." Im Gegenteil, meint der heilige Pius, ein so scheußlich süßes Getränk könne er der ganzen Christenheit geradezu als Bußgetränk für die Fastenzeit empfehlen. Kein Zweifel: Papst Pius V steht auf sauer.

Jetzt beginnt der Siegeszug der Schokolade durch die tridentinisch reformierten katholischen

Küchen Europas. Über Madrid gelangt sie nach Rom und wird für ein Jahrhundert zur Lieblingsspeise des fastenstrengen italienischen Klerus. Welches Ausmaß die geistliche Schleckerei in Rom selbst annimmt, ersehen wir am besten aus den betrüblichen Umständen der Heiligsprechung von Sebastian de Apancio. Wir haben Beweise dafür, dass während des Heiligsprechungsprozesses der Päpstliche Protonotar mit acht Pfund Schokolade bestochen wurde, sein Sekretär mit zwei Pfund. Trotzdem kam der Prozess nicht vom Fleck. Erst eine weitere Bestechung mit sechzig Pfund Schokolade im Jahre 1697 machte den Sebastian de Apancio endlich zum heiligen Sebastian.

Die leidenschaftlichsten Freunde und Förderer hatte die Schokolade im Jesuitenorden. So veröffentlichte der Jesuit Olonius Ferronius eine begeisterte „Ode an den Kakaobaum". Der Jesuit Andreas Forzoni schenkte der Welt eine „Elegia in laudem cocolatis", und sein Ordensbruder Thomas Strozzi ließ sich gar hinreißen zu einem 89 Druckseiten umfassenden Hymnus: „De mentis potu sive de chocolatis opificio."

Es ist jetzt zu berichten, dass just zu dieser Zeit ein schwerer Streit schwelte zwischen dem Jesuitenorden und dem Dominikanerorden. Die beiden Orden stritten sich über das Wesen der göttlichen Gnade und um die Pfründen der Inquisition. Je süßer die Jesuiten das Lob der Schokolade sangen, desto saurer wurden die Dominikaner. Und obwohl Papst Pius V selbst Dominikaner gewesen war, beginnt sein Orden jetzt zu Beginn des 17. Jahrhunderts noch einmal einen erbitterten moraltheologischen Feldzug wider die Schokolade. In diesem Streit hat sich selbst ein so bedeutender Moraltheologe aus dem Dominikanerorden wie Daniele Concina verschlissen. Seine zahlreichen Abhandlungen über das Problem strotzen vor Hass gegen die Jesuiten und gegen die Schokolade.

Es ging jetzt schon gar nicht mehr nur ums Fasten. Die Dominikaner vertraten nämlich immer stärker die Auffassung, Schokoladeessen sei deshalb unmoralisch, weil im Kakao eine geheimnisvolle Kraft enthalten sei, ein Aphrodisiakum, also eines jener Stärkungsmittel, die Heinrich Lübke an die japanische Hafenstadt Osaka zu erinnern pflegten. Wurde nicht gar in spanischen Klosterküchen heimlich ein frivoler Gassenhauer gesungen mit dem Vers:

„Cuando llegará aquel dia
Y aquella feliz mañana,
Que nos lleven a los dos
El chocolate en la cama?"

Ich werde mich hüten, meine Damen und Herren, dieses verwerfliche Schokoladenliedchen ins

Deutsche zu übersetzen. Ich habe nämlich keine Lust, mir jene fromme Empörung auf den Hals zu laden, die damals ein junger Wiener Arzt, Johann Michael Haider, fast das Leben gekostet hat. In seiner Doktordissertation „Disputatio medico-diaetetica" hatte er die dominikanische These vertreten, Schokolade sei ein „Veneris pabulum" – eine „Venusspeise" –, und damit der Zölibat endlich wieder ein bisschen besser eingehalten werde, sei es an der Zeit, der katholischen Priesterschaft jeglichen Genuss von Schokolade strengstens zu verbieten.

Über diese Zumutung war der österreichische Klerus so empört, dass es einen Augenblick schien, als werde Doktor Haider an der Seite von Monsignore Salazar, dem Bischof von Chiapas, eingehen in die Geschichte als zweiter Märtyrer der Schokolade. Schließlich begnügte man sich aber damit, nicht Haider selbst, sondern nur seine Schrift wider die Schokolade in Wien öffentlich und feierlich zu verbrennen.

Im Grunde aber war der Wiener Schokoladestreit nur ein provinzielles Nachhutgefecht. In Rom selbst war zu diesem Zeitpunkt der Disput längst entschieden. Dafür hatte hauptsächlich Kardinal Brancaccio gesorgt. Seine „Diatribe de potu chocolatae" – „Streitschrift für die Schokolade" – 1662 erstmals gedruckt, fand im Klerus reißenden Absatz, und bald war die sechste Auflage vergriffen. Die

Schokolade hatte gesiegt. Die Jesuiten triumphierten.

Sie triumphierten zu früh. Jetzt nämlich naht die
Stunde der Finsternis. Es naht die Stunde des Ver-
rats. Um es mit der alten katholischen Klage zu sagen: „Church of England! So near – and yet so far!"

Thomas Gage heißt der Verräter. 1612 schickt
ihn sein papistischer Vater aus England nach Spanien, damit er dort Jesuit werde und einst das ab-
trünnige Albion zurückführe in den Schoß der al-
leinseligmachenden Kirche. Tatsächlich wird der
vielversprechende Thomas um 1625 zum Priester
geweiht. Ob des vielen Kakaotrinkens bei den Jesuiten hat Pater Thomas freilich sein englisches Vaterland vergessen. Er schifft sich ein als Missionar nach
den Philippinen.

Leider ist Thomas Gage nie auf den Philippinen
eingetroffen. Beim Zwischenhalt in Amerika ist er
seinem Orden abhanden gekommen. Dort, zwischen
Kolumbien und Mexiko, ist Pater Thomas, der scho-
koladesüchtige Engländer, 24 Jahre lang buchstäblich im Kakao versumpft. Dann segelte er, tief gefallen und verkommen, nach Hause zurück – natürlich
nicht nach Madrid, sondern nach London. Für ein
paar Silberlinge schreibt er dort ein Buch, in dem er
alles verrät, was ein katholischer Priester verraten
kann. Er verrät den Glauben der Päpste und kehrt
reumütig zurück in den Schoß der Kirche von

England. Schlimmer noch: Er verrät die köstlichen Schokoladenrezepte des Jesuitenordens in englischer Sprache an die Protestanten. Schande über „Pater" Thomas Gage.

Noch der englische Seeräuber Francis Drake hatte, wenn er ein spanisches Schiff kaperte, den Kakao voller Verachtung über Bord werfen lassen. Denn was ein richtiger Protestant ist, frisst keine Schokolade. Jetzt aber lief den Engländern ob den verräterischen Ergüssen des Thomas Gage das Wasser so im Munde zusammen, dass sie sich aufmachten, die Kakaopflanzungen vor Jamaika zu erobern. Vergeblich mühte sich Sir Roger North, oberster Ankläger im Dienste des Königs, die Schokoladenstuben in der britischen Hauptstadt als „Schulen des Bösen" schließen zu lassen. Immerhin verhinderte der puritanische Gegenangriff, dass der Jesuitenschleck, wie es einen Augenblick schien, zum britischen Nationalgetränk wurde. Die Kirche von England trinkt Tee.

So waren es denn nicht die Engländer, die die moderne Schokoladenindustrie geschaffen haben. Und doch behält der deutsche Soziologe Max Weber recht mit seiner Behauptung, dass die gesamte moderne Industrie von Protestanten geschaffen wurde aus dem Geist Johannes Calvins. Wo freilich konnten Protestanten ein so extremes Produkt katholischer Sinnenfreude industrialisieren wie die Schokolade?

Nur dort, wo der protestantische Sinn fürs Geld, fürs Geschäft, für die Industrie sich radikal kreuzt mit dem katholischen Kulturkreis, mit der lateinischen Gaumenfreude. Dieser vom Gott Calvins prädestinierte Ort ist die französische Schweiz. Wider alle wirtschaftliche Vernunft, allein aus religiösen Gründen, stehen die berühmtesten Schokoladefabriken der Welt am Genfer See, in Calvins eigenem Land. Francois Louis Cailler, Philippe Suchard, Henri Nestle und Daniel Peter: Sie alle waren knochenharte protestantische Geschäftsleute – aber jeder war umgeben von einem ganzen Schwarm von italienischen, von katholischen Schokoladeköchen. Mit der Erfindung von „Peters Milchschokolade" erreicht die Geschichte der Schokolade ihren schweizerischen, ich würde sagen: ihren ökumenischen Höhepunkt.

Nicht, dass Sie künftig mit jedem Riegel Schokolade gleich die ganze Kirchengeschichte hinunterschlucken, nein. Aber es gibt auch in der Religion so etwas wie Bildung. Ich bin noch immer ganz erschüttert über jene deutsche Studentin im Tempel von Bangalore. Denn es ist nicht nur unchristlich, es ist ganz einfach ungebildet, wenn ein Christ über einen indischen Guru lacht, der nach zwölfjährigem strengstem Fasten vor Fett nur so überquillt. Es ist nämlich bei den Hindus heute noch genauso wie bei uns Christen zur Zeit des Konzils von Trient: Die

Fastengebote verbieten alles – nur das Süßeste nicht: in diesem Fall jenes köstliche indische Marzipan, das aus der Milch heiliger Kühe bereitet wird. Es ist für die Inder, was für uns die Schokolade ist. Mag ein Inder die höchste Stufe der Entsagung erreichen und sogar auf Reis verzichten, es bleibt ihm unbenommen, soviel Marzipan zu schlecken, wie er will. Für einen indischen Guru gilt noch heute, was durch Jahrhunderte für so manchen christlichen Heiligen gegolten hat: Je dicker er ist, desto strenger hat er gefastet.

Wie Robinson Crusoe
sich nach dem Zölibat sehnte

Worin wir die unendliche Einsamkeit der protes-
tantischen Seele kennen und verstehen lernen.

Es war einmal ein unseriöser, ein verkrachter Journalist. Einer, der mit den Jahren immer tiefer hinab-
gesunken war in die billige Schmierenschreiberei.
Und als er 58 war, da standen die Schulden ihm so
unbezahlbar bis zum Halse, dass ihm nur eine einzige, verzweifelte Chance blieb: Er brauchte eine
sensationelle Story. Er brauchte unbedingt den großen Scoop.

Wie aber lügt man eine sensationelle Story so zusammen, dass die Leute sie glauben? Am besten, indem man persönlich wird. Also ein Tagebuch. Tja,
ein gefälschtes Tagebuch – wäre das nicht der ganz
große Scoop?

Es wird der größte Scoop aller Zeiten. Denn was
er zusammengeschwindelt hat in seiner Angst und
Not, jener unseriöse Journalist, ist eine der größten
Erzählungen der Menschheit. 1719 erscheint in
London „Robinson Crusoe" von Daniel Defoe.

Heute, drei Jahrhunderte danach, gilt Daniel Defoe in der englischen Literatur als „father of the no-
vel", als „Schöpfer des Romans". Nichts hätte ihn selber so empört wie dieser Ehrentitel. Hoch und heilig

hat er stets behauptet, „Robinson Crusoe" sei ein Tatsachenbericht, sauber recherchiert nach allen Regeln der journalistischen Sorgfaltspflicht, beruhend auf dem authentischen Tagebuch, das ihm ein britischer Seefahrer persönlich anvertraut habe.

Von diesem Tagebuch hat nie jemand eine Zeile gesehen. Aber den Seefahrer, auf den Defoe sich beruft, hat es, erstaunlich genug, gegeben. Unter den Londoner Regenbogen-Schreiberlingen jener Jahre war seine Story, als Daniel Defoe sie entdeckte, bereits seit geschlagenen sieben Jahren im Umlauf. Sie war auch schon fünfmal gedruckt - allerdings ziemlich wahrheitsgetreu und somit ohne allen Publikumserfolg.

Dieser wahre Robinson hieß Alexander Selkirk und war ein halbstarker Maulheld, den man, als er 19 war, „wegen störenden Benehmens in der Kirche" aus seinem schottischen Heimatort Largo zum Teufel jagte. Das war aber nicht schlimm. Für junge Männer seines Schlags gab es damals eine berufliche Chance. Wie selbstverständlich begab sich der Taugenichts nach Bristol und wurde Seeräuber.

Leider kam er mit seinesgleichen auf hoher See genauso wenig zurecht wie mit seinen braven Mitbürgern daheim in der Kirche von Largo. „Auf", wie es heißt, „eigenen Wunsch" wurde er im Frühjahr 1704 weit vor der Küste Chiles auf der winzigen Insel Mas-a-tierra an Land gesetzt, mit einem Bündel

Kleider, mit etwas Pulver und Tabak, sowie, zur Besserung seiner protestantischen Seeräuberseele, mit einer Bibel. Über die Insel selbst ist nichts zu berichten, außer dass da nie ein Mensch hatte wohnen mögen, dass sie aber dicht bevölkert war mit abertausend wild herumgaloppierenden Ziegen.

Wie erstaunt waren die Kapitäne von zwei anderen britischen Seeräuberschiffen, als sie, fünf Jahre später, auf diesem Eiland zufällig an Land gingen und dort ein Lebewesen herumrennen sahen, das zwar noch immer *aussah* wie ein Mensch, das sich aber *benahm* wie eine Ziege. Dieser merkwürdige Mensch machte keine Schritte mehr, sondern Sprünge, hüpfte und rannte streckenweise auf allen vieren. Aus lauter Sehnsucht nach Gesellschaft hatte sich Alexander Selkirk, der Asoziale, auf der menschenleeren Insel Mas-a-tierra in eine Ziegenherde gruppentherapeutisch integriert.

Das, so etwa, war die Story von Alexander Selkirk, wie sie schon fünfmal in London gedruckt war, als Daniel Defoe auf sie aufmerksam wurde. Mit dem Instinkt des großen Reporters spürte er sofort: Unter diesem alten journalistischen Hut steckte, unentdeckt, ein großer Scoop. Es hatte nur noch niemand die Kühnheit besessen, das zu tun, wofür sich diese Geschichte vorzüglich eignete: Punkt für Punkt musste die Wahrheit verfälscht werden ins schiere Gegenteil.

Auf einem trostlosen Eiland im südlichen Pazifik, vor der Küste Chiles war Alexander Selkirk ausgesetzt worden. Das ist so eine Ecke, für die es im Englischen den Begriff „down under" gibt, „irgendwo da hinten unten". So eine Insel sagt dem Leser nichts. Wie aber, wenn wir, als erstes, den Ozean fälschen und aus dem Pazifik den Atlantik machen? Und da wir nun schon im Atlantik sind, wie wär's mit der Karibik? In der Karibik, da wispern Palmen, da krähen Papageien, da kommen Kannibalen durch die Schaumkronen gepaddelt. In die Karibik mit Robinson Crusoe!

Den richtigen Schauplatz haben wir; jetzt kann drauflosgelogen werden. Jeder Psychoanalytiker weiß, dass dies der entscheidende Augenblick ist. Solange sich der Patient bemüht, halbwegs bei den Tatsachen zu bleiben, solange lohnt sich das Zuhören kaum. Sobald er aber abhebt in die reine Lüge, kommt die reine Wahrheit heraus. Wenn einer lügt, kann er ja, mangels Wirklichkeitsbezug, nur noch preisgeben, was in ihm selber ist.

Die Lügengeschichte von Robinson Crusoe beginnt mit einem gewaltigen Schiffbruch, besser noch: mit einer Serie von Schiffbrüchen.

Genau das war Daniel Defoes eigenes Leben: nichts als eine Serie von Schiffbrüchen. Von vornherein war er falsch geboren, nämlich als Sohn eines „Dissenters", das heißt eines aufsässigen

Protestanten. Oxford und Cambridge, ja überhaupt jeder akademische Beruf, waren dem Sohn eines Dissenters von vornherein versperrt. Pfarrer bei seinen calvinistischen Glaubensbrüdern konnte er werden, nur das, das hat er auch versucht. Aber schnell kam heraus, dass ihm für diese Laufbahn die nötige christliche Demut fehlte.

Nächster Schiffbruch: Daniel Defoe wird „christlicher Kaufmann", macht bankrott und kommt in den Schuldturm. Kann er jetzt noch tiefer sinken? Ja. Der gescheiterte Kaufmann wird „freier" Journalist. Schreibt sich die Finger wund für zwei verfeindete Blätter, in denen er die zwei feindlichen Standpunkte, gleichzeitig, unter verschiedenen Namen vertritt. Zum Schluss ist er nur noch auf der Flucht: vor einem Rudel empörter Mitbürger, die er verleumdet hat, vor einem Rudel von Gläubigern. Mit 58 träumt die gescheiterte Existenz Daniel Defoe nur noch von einem: Die ganze Menschheit möchte er los sein, allein sein möchte er, auf einer Insel ganz allein.

Das sind Phantasien, welche die meisten Männer, von einem gewissen Alter an, tränenreich, in sich tragen. Und wenn sie anfangen zu schreiben, wird das Selbstmitleid unerträglich. Im besten Falle schaut da trivialer Schicksalsjammer für eine Illustrierte heraus, „Christiane F." zum Beispiel oder „Andy Z.". Im schlimmsten Falle schreibt Hermann Hesse im Tessin den „Steppenwolf".

Einsamkeit! Die Weltliteratur ist voll von Psycho-Kitsch, von nasebohrendem Tiefsinn zu diesem Thema. Robinson ist radikal anders. Robinson Crusoe *tut etwas*.

Unglaublich, was Robinson alles *tut*, um in der Einsamkeit zu überleben. Vom Landwirt bis zum Festungsbauer, vom Heilpraktiker bis zum Meteorologen, eignet er sich ein Dutzend Berufe an. Und alles, was er tut, beschreibt er präzis im handwerklichen Detail. Dass einer in der Einsamkeit nicht im Schicksalsjammer zerfließt, sondern sich zusammenreißt und *etwas tut*, ist in der Weltliteratur einmalig und genial.

Als „Dissenter", als Calvinist, war Daniel Defoe nicht nur von den akademischen Berufen ausgeschlossen, sondern auch vom gehobenen literarischen Betrieb. Keinen der großen englischen Schriftsteller seiner Zeit hat er gekannt. Der konventionelle literarische Tiefsinn über die Einsamkeit kam ihm deshalb, gottseidank, gar nicht erst in den Sinn. Robinson Crusoe, das ist die Lebensanschauung eines gänzlich anderen Milieus: der protestantischen Handwerker, Händler und Unternehmer, zu denen Defoe gehörte, und denen er seine Geschichte verkaufen wollte.

Sich zusammenreißen nach noch so vielen Schiffbrüchen. Nicht jammern, sondern etwas tun. Noch in der schlimmsten Verlassenheit nicht die Tragik der Existenz beklagen, sondern die letzte Chance packen. Mit Gottes Hilfe ganz allein. Das ist nicht, theologisch exakt, das Dogma Johannes Calvins. Aber es ist jene protestantische Ethik, die, lest es nach bei Max Weber, dem Mittelalter ein Ende gesetzt und die moderne Welt geschaffen hat. Fern jedem literarischen Betrieb, fern jedem literarischen Weltschmerz hat Daniel Defoe seine eigene religiöse Lebensanschauung in Robinson Crusoe hineinphantasiert, mit einer archetypischen Ursprünglichkeit und Kraft, für die es in der Weltliteratur wenige Vergleiche gibt.

Ganz verlassen ist allerdings auch Robinson Crusoe nicht. Hunde, Katzen, Papageien, auch ein paar von Alexander Selkirks Ziegen leisten ihm Gesellschaft. Sogar Menschen kommen mit den Jahren an Land geschwemmt: Indianer, Spanier, Engländer. Zum Schluss ist Robinson Gouverneur eines kleinen Inselreichs. Nur eines fehlt. Auf Daniel Defoes Trauminsel gibt es nicht die Spur von einer Frau.

Das war der schlimmste Schiffbruch seines Lebens: die Ehe. Acht Kinder hat ihm seine Frau Mary geschenkt. Nichts sonst hat die beiden ein Leben lang verbunden als abgründiger Hass. Ein halbes Dutzend Töchter, die nach einer Mitgift schrien, machten ihm das weibliche Geschlecht zum Albtraum.

Gar sehr irrt Eugen Drewermann, wenn er behauptet, das blinde, böse Papsttum habe den Zölibat erfunden. Das Hohe Lied des Zölibats heißt „Robinson Crusoe" und ist geschrieben von einem englischen Calvinisten. Ein äußerst englisches Urbild der Männlichkeit ist das. „Das Empire", pflegte meine englische Großmutter zu sagen, „ist von Männern geschaffen worden, die ihre Zeit nicht mit Weibern verloren haben."

Etwas hat sie übersehen, meine englische Großmutter: Den schönen jungen Indianer, der, nach 24 Jahren Zölibat, Robinsons Füße zärtlich umschlingt. Freitag, ich sage nur Freitag!

Zum Trost ein Blick auf die Wirklichkeit: Der wahre Robinson, Alexander Selkirk, war, mal abgesehen von seinen fünf Inseljahren, ein Weiberheld. Erhalten ist sein Testament, in dem er einer langen Liste von „geliebten Weibspersonen" liebevoll gedenkt. Es handelt sich, ohne Ausnahme, um die Ehefrauen anderer Männer. Auf der Insel selber hat er sich, um an der Einsamkeit nicht zugrunde zu gehen, integriert in eine Ziegenherde. Eine Ziege in der Herde – das ist das Gegenteil von einem lonely wolf.

So war die Wirklichkeit. Vor Daniel Defoe schon fünfmal gedruckt hat sie niemanden sonderlich interessiert. Das gefälschte Tagebuch des Robinson Crusoe dagegen hat die Menschheit hingerissen. „Beyond counting", in Zahlen nicht zu fassen ist der

Publikumserfolg dieses Buchs. Mit ihm ist Daniel Defoe in die englische Literatur eingegangen, nicht nur als „Vater des Romans", sondern auch, lange vor Mark Twain, als der eigentliche Schöpfer einer demokratischen Literatur. Vom Gott Calvins schicksalhaft dazu gezwungen, hat dieser „unseriöse Journalist" als erster nicht für eine intellektuelle Elite geschrieben, sondern für das Volk. Und siehe, es war unseriös - doch es war sehr gut.

Noch heute, wo dieser Abenteuerroman, mit den Jahrhunderten, abgesunken ist zum „Jugendbuch", gibt es, soweit die Kultur des Westens reicht, kaum einen Knaben, dessen früheste, geheimste Phantasien nicht genährt, geprägt würden von Robinson Crusoe: „Wartet nur. Euch brauche ich alle nicht. Und werde es trotzdem im Leben zu etwas bringen. Ich ganz allein."

Pastor Hans Egedes norwegische Irrfahrt nach Grönland

Worin wir erfahren, dass die alten Wikinger stockkatholisch waren.

Wo sind sie geblieben? Die alten Wikinger, die einst auf ihren langen, schnellen Drachenschiffen aus Island westwärts aufgebrochen sind? Tief in den Fjorden Grönlands haben sie vier Jahrhunderte lang in zwei blühenden Gemeinwesen gelebt. Graenlendingar werden sie deshalb in den isländischen Annalen genannt. Doch mit einem Mal sind solche Berichte abgebrochen. Kein skandinavischer Schiffer hat sie mehr angetroffen. Kein isländischer Chronist spricht noch von ihnen. Was ist aus ihnen geworden? „The lost Vikings", Grönlands „verschollene Wikinger", wo sind sie geblieben?

Als er sich diese Frage das erste Mal stellte, im Jahr 1707, war Hans Egede ein blutjunger Pastor auf den Lofoten, hoch im Norden von Norwegen. Gerade war er, mit einundzwanzig Jahren schon, Pfarrer geworden, hatte auch bereits geheiratet. Der denkbar bürgerlichste Lebenslauf schien ihm vorgezeichnet, der eines Pastors der Lutherischen Staatskirche. Doch statt sich auf den Lofoten wohlbestallt einzurichten, schweifte Hans Egedes jugendlicher Geist über Zeiten und Ozeane zurück ins legendäre Abenteuer grönländischer Vergangenheit.

Aus isländischen Sagen musste er erfahren, dass es kein Apostel Jesu Christi war, der als erster seinen nordischen Fuß auf Grönland gesetzt hatte. Das war, im Gegenteil, Erik der Rote. Vielleicht hieß er „der Rote", weil er nicht ganz so blond war wie andere Wikinger. Oder lag es daran, dass seine Hände blutrot befleckt waren? Wegen „etlicher Morde" hatte ihn das isländische Althing im Jahr 982 für drei Jahre verbannt. Nicht nur aus Island, sondern auch aus Norwegen. Wohin mit Erik dem Roten?

Auf nach Westen! Bei klarem Wetter waren schon von Island her die Umrisse einer riesigen Landmasse sichtbar. Drei Jahre hatte Erik jetzt Zeit, auf seinem kleinen Schiff die Fjorde im Süden Grönlands zu erforschen. Geläutert kehrte er nach Island zurück. Und mit einer verlockenden Botschaft: „Er nannte das Land ‚Grünland'", heißt es in der „Saga Eriks des Roten", „denn er sagte, dass die Leute begierig sein würden, dorthin zu gehen, wenn es einen so guten Namen hatte." Alsbald stachen fünfundzwanzig Schiffe voll Menschen und Vieh unter Eriks Leitung westwärts in See. Vierzehn Schiffe kamen an. An Land gingen etwa 350 Wikingerinnen und Wikinger. Als so unermesslich weit erwies sich der Süden der Insel, dass jede Familie sich ihren eigenen Fjord aussuchen konnte. Insgesamt entstanden zwei immense

Streusiedlungen, die dank Viehwirtschaft und Jagd aufblühten zu einem Mini-Skandinavien mit fünftausend, vielleicht achttausend Menschen.

Eines kümmerte Hans Egede besonders: War Erik, der rote Mörder, wenigstens als Christ reuig gestorben? Leider nein. Bis auf sein letztes Stündlein hat Erik den germanischen Götzen geopfert. Mehr Sinn fürs Seelenheil hatte seine Gattin Thjodhildr. Mitten auf Eriks Gehöft – und wohl zu seinem Ärger – errichtete sie die erste grönländische Kirche.

Bald gab es sechsunddreißig Kirchen und Kapellen auf Grönland und sogar zwei Klöster. Eines fehlte noch, das Wichtigste: ein Bischof. Eine Gesandtschaft segelte nach Norwegen und brachte einen leibhaftigen Bischof heim. Arnald hieß er, nahm jedoch sein Amt nur mit einem Vorbehalt an: „Ich habe", gab er zu Protokoll, „wenig Erfahrung im Umgang mit so schwierigen Menschen."

Um sich ihren Bischof gnädig zu stimmen, bauten ihm die Graenlendingar eine Kathedrale, immerhin 22 Meter lang, ausgestattet mit sündhaft teuren importierten Farbfenstern und Bronzeglocken. Geweiht war sie dem heiligen Nikolaus, dem Patron der Seefahrer. Die norwegischen Handelsschiffe, die ein oder zweimal im Jahr hier ankerten, tauschten die neuesten Brautgewänder aus Dänemark, manchmal auch die neueste Hutmode aus Burgund, gegen Walrosszähne, Bären- und Fuchsfelle.

Und dann das jähe Ende. Ums Jahr 1500 brechen alle Nachrichten, auch alle Schiffsverbindungen nach Grönland ab. Aber schon eine isländische Chronik von 1342 brachte erstmals traurige Kunde: Die Graenlendingar hätten „alle ehrenhaften Sitten und wahren Tugenden" abgelegt, ja sie seien „vom Glauben abgefallen". Als er dies las, keimte in Pastor Egede ein noch schlimmerer Verdacht. Der Kontakt war ja noch vor der Reformation abgebrochen. Waren die grönländischen Wikinger gar nicht zum finsteren Heidentum abgefallen? Waren sie nicht vielmehr, irgendwo hoch im Eis des Nordens, erstarrt im blinden Papsttum?

Auf jeden Fall war es hohe Zeit, den unglücklichen Stammesbrüdern auf Grönland evangelische Hilfe zu bringen. Da Norwegen damals zu Dänemark gehörte, segelte Hans Egede nach Kopenhagen. König Frederick IV für sein Unternehmen zu gewinnen, war nicht schwer. In der geplanten Expedition zu den verschollenen Wikingern sah der König ein Mittel, den dänischen Anspruch auf Grönland, der sich bisher nur auf einen Eisbären im königlichen Wappen gründete, endlich zu festigen.

„Haabet – die Hoffnung" hieß das Schiff, mit dem Hans Egede am 3. Juli 1721 samt Frau, Kindern und vierzig Kolonisten in Grönland landete. Gleich bei der Ankunft schien die Hoffnung sich zu erfüllen: Siehe, weit drüben dort, am Ufer bewegte sich ein Mensch.

Und dann die riesige Enttäuschung: Nein, es war kein blonder nordischer Recke. Klein und füllig war dieser Mensch, schwarz sein Haar, rund auch sein Schädel. Und er verstand kein christliches Wort. Hans Egede stand vor seinem ersten Eskimo.

Unbeirrt, von Fjord zu Fjord, setzte Egede seine Suche nach den verschollenen Wikingern fort. Vergeblich. Aber sagt nicht der Prophet Jesaias, dass die Wege des Herrn unergründlich sind? War er vielleicht gar nicht zum Retter der verschollenen Wikinger bestimmt? Hatte der Herr ihn vielmehr erwählt zum „Apostel der Eskimos"?

Er begann, die Sprache der Eskimos zu lernen. Und in ihrer Sprache zu predigen. Dabei zeigte er sich schöpferisch. „Gib uns heute unser täglich Brot", wie sollte er dieses Gebet ein Volk lehren, das Brot gar nicht kannte? Hans Egede übersetzte frei: „Unseren täglichen Seehund gib uns heute."

Zwei frischgetaufte Eskimokinder, die er nach Kopenhagen schickte, weckten dort allgemeines Staunen. Vor allem bewogen sie Graf Zinzendorf, sich mit seiner deutschen Erweckungsgemeinde, den Herrnhutern, in der grönländischen Mission zu engagieren. Die Herrnhuter kamen mit den Eskimos viel besser zurecht als Hans Egede selber. Als sie ihr großes Missionshaus gebaut hatten, fanden die Eskimos, dieses Haus sei „so schön", da müsse es doch „im Himmel bei den Herrnhutern noch viel schöner sein".

Und dann das große Unglück. Eines der beiden Eskimokinder, die Hans Egede als Vorzeigetäuflinge nach Dänemark geschickt hatte, kam mit den Pocken zurück. An der Epidemie sind Tausende von Eskimos gestorben, schließlich auch Hans Egedes eigene Ehefrau Gertrud. Jetzt überließ er Grönland den Herrnhutern. Selber kehrte er nach Dänemark zurück, um dort Missionare für Grönland auszubilden. Schon zu Lebzeiten verehrt als der „Apostel", ja als der „Heilige Grönlands", ist er 1758 auf der dänischen Insel Falster gestorben. Als gusseisernes Denkmal, im Predigermantel, mit Halskrause und Apostelstab, schaut er heute herab auf die grönländische Hauptstadt. Ob er sie wiedererkennt?

Godthåb – „Gute Hoffnung" – hat er diese Stadt einst getauft, als er sie selber gründete. Nuuk heißt sie jetzt. Ein neuer, ganz anderer Missionseifer ist über Grönland gekommen: die politische Korrektheit. Hat da einer eben noch Grönland gesagt. Politisch korrekt heißt die Insel Kalaallit Nunaat. Vergesst auch die niedlichen kleinen Eskimos aus vergilbten Kinderbüchern. Das sind jetzt stolze „Inuit". Und käme Erik der Rote wieder, er würde sein eigenes Gehöft nicht wiedererkennen. Es heißt nicht mehr Brattahlid, sondern Qassiarsuk. Alle sprachlichen Spuren der nordischen Vergangenheit Grönlands sind politisch korrekt getilgt. Skandinavisch wirkt noch das alte Zentrum der Hauptstadt mit seinen kleinen farbigen Häusern. Doch über sie geschoben hat sich ein imposanter Riegel moderner Sozialbauten. Die Inuit, die dort wohnen, beten längst nicht mehr für ihren „täglichen Seehund". In den Supermärkten von Nuuk holen sie sich, fabrikfrisch, ihr „täglich Brot".

Nein, um die Inuit braucht sich niemand Sorgen zu machen. Wie aber steht es um jene, deren ungeklärtes Schicksal einst Hans Egede zum „Apostel Grönlands" werden ließ? Kaum mehr überblickbar sind die Schwärme nordamerikanischer und skandinavischer Forscher, die sich heute wieder jene Frage stellen, die Hans Egede ungelöst hinabgenommen hat in sein dänisches Grab. „The lost Vikings" – die verschollenen Wikinger Grönlands, wo sind sie geblieben?

Hypothese 1: Die katholische Kirche ist an allem schuld. Im Falle Grönland ist das nicht einmal ganz unwahrscheinlich. Die Kathedrale, welche die Wikinger ihrem Bischof bauten, war für sich allein schon viel zu teuer. Neben den Trümmern dieser Kirche haben Archäologen aber eine noch viel umfangreichere Ruine ausgegraben: den Palast, in dem der Bischof selber wohnte. Darum herum

Vorratshäuser, in denen der Bischof all die Walrosszähne und Bärenfelle stapelte, welche seine Untertanen ihm als Zehnten schuldeten. Er stand ja seinerseits unter Druck. Der Bischof von Trondheim
forderte von ihm einen grönländischen Beitrag zu
den Kreuzzügen, der Bischof von Bremen forderte
den Peterspfennig ein. Derart vom Klerus drangsa-
liert, gerieten die einst so stolzen Wikinger, als die
Kleine Eiszeit über die Grüne Insel kam, in immer
tiefere Not. Und waren den Inuit, die mit dem Eis
südwärts drängten, nicht mehr gewachsen.

Hypothese 2: Die Deutschen sind an allem
schuld. Als die Hanse immer mächtiger wurde und
die ältere norwegische Schifffahrt verdrängte, verloren nicht die Graenlendingar den Kontakt zu uns,
sondern umgekehrt: Wir haben sie im Stich gelassen. Die Fahrt dorthin war nämlich für die ungleich
größeren Schiffe der Hanse zu gefährlich und auch
gar nicht rentabel.

Hypothese 3: Niemand ist an allem schuld. Die
grönländischen Wikinger sind gar nicht umgekommen. Schon unter dem Sohn Eriks des Roten, unter
Leif dem Glücklichen, hatten sie, 500 Jahre vor Co-
lumbus, weite Erkundungsfahrten nach Nordame-
rika unternommen. Drei Länder haben sie, den isländischen Annalen zufolge, dort entdeckt: Helluland, Markland und Vinland. Kanadischen Histori-
kern ist es gelungen, Helluland als Ile de Baffin zu

identifizieren und Markland als Labrador. Schwieriger ist es mit Vinland. Ungelöst wogt der Streit, ob das Virginia sei oder gar Florida. Jedenfalls war Vinland den Wikingern längst ein Begriff, als die Kleine Eiszeit und mit ihr die Eskimos kamen. Da taten sie das Gescheiteste, was sie tun konnten: Weg sind die Wikinger aus Grönland. Weggesegelt ins sagenhaft schöne Vinland.

Und wenn sie noch nicht gestorben sind, dann leben sie noch heute.

Die Nerven der heiligen Theresia

Worin wir lernen, ohne Psychotherapie selig zu werden.

Es ist tröstlich zu wissen, dass auch der Vatikan in manchen Dingen seine Meinung im Laufe der Jahrhunderte ändert. Im Jahre 1578 empfing Papst Gregor XIII den Sohn des spanischen Vizekönigs von Neapel in Privataudienz. Als dieser es wagte, ein gutes Wort einzulegen für eine spanische Nonne, der damals der Prozess vor der Inquisition drohte, fuhr ihm der Papst erregt über den Mund: „Ich wundere mich, dass Sie eine so schlechte und ruchlose Frau überhaupt in den Mund nehmen, diese schmutzige und sittenlose Nonne, die im höchsten Grad unzüchtig ist und ihre Klostergründungen nur zum Vorwand nimmt, um ihren ausschweifenden Gelüsten zu frönen."

Es ist hier die Rede von einer Frau, die knappe vier Jahrhunderte später, am 17. September 1970, von einem anderen Papst, von Paul VI, in der Sankt-Peters-Kathedrale feierlich mit dem höchsten Ruhmestitel der katholischen Kirche ausgezeichnet werden wird: Doctor Ecclesiae – Lehrer der Kirche. Ihr Name: Theresia von Avila.

Avila ist eine kleine spanische Stadt etwas westlich von Madrid. Dort wird Theresia am 28. März

221

1515 in eine Kleinadelsfamilie hineingeboren. Es wird berichtet, dass sie schon als kleines Kind ein sehr lebhaftes Interesse für Religion zeigte. Das will aber für jene Zeit nicht viel heißen. In einem für uns heute unvorstellbaren Maße ist damals Religion ein Gegenstand des allgemeinen Interesses und der allgemeinen Leidenschaft – etwa so wie heute Fußball. Und wie heute noch in sehr katholischen Ländern, etwa in Irland, hat sich im damaligen Spanien jeder Junge und jedes Mädchen zeitweilig mit dem Gedanken getragen, ins Kloster zu gehen.

Nur: Bei Theresia wird es mit zwanzig Jahren ernst. Sie eröffnet ihrem Vater, dass sie Nonne werden will. Der Vater hat etwas gegen Nonnen. Er rät ab, er droht, er verbietet. Er entfaltet die ganze Würde und Macht eines spanischen Patriarchen des 16. Jahrhunderts. Das nützt ihm aber bei seiner Tochter gar nichts. Theresia packt nachts heimlich ihre Klamotten und tritt höchst selbstständig als Novizin ein ins Karmelitinnenkloster de la Encarnación – zur Menschwerdung.

Theresia geht es jetzt wie manchem vor und nach ihr, der aus Interesse für Gott ins Kloster gegangen ist. Nach einer Weile stellt sie fest, dass sie da, dass sie jedenfalls in diesem Kloster nicht ganz am richtigen Ort ist. Denn das Interesse für Gott ist im Kloster zur Menschwerdung nicht eben groß. Die Nonnen führen ein ziemlich betriebsames Leben, sind oft monatelang außer Haus, das Sprechzimmer ist ständig überfüllt, und die Unterhaltungen zwischen Herren und Damen sind dort sehr ausgedehnt.

Wir wollen den Schwestern des Menschwerdungsklosters deshalb nicht böse sein. Ein Frauenkloster hat damals ganz andere soziale Funktionen gehabt als heute. Man bedenke: Nach zuverlässigen historischen Schätzungen ist im 16. Jahrhundert etwa jeder vierte Mann in Spanien Priester oder Mönch. Von den übrig bleibenden Männern im heiratsfähigen Alter ist ein großer Teil auf der Suche nach dem Abenteuer hinter Kolumbus her nach Amerika gezogen. Die meisten kommen dort um. Das heißt: Jede dritte junge Frau hat keine Chance, eine Ehe zu gründen.

Mit seinen hundertachtzig Nonnen ist das Kloster zur Menschwerdung wie die meisten anderen Frauenklöster eine Art Pensionat zur Versorgung unverheirateter Frauen, die sich dort das Leben möglichst erträglich einrichten.

Nichts ist dagegen einzuwenden. Nur: Theresia hat etwas anderes im Kopf. Ihr geht es um die Begegnung mit Gott. Der Betrieb im Kloster zur Menschwerdung macht sie krank.

Zuerst hat sie das, was man heute in derlei Krankenberichten als vegetative Dystonie zu bezeichnen pflegt. Schlaflosigkeit, Magenkrämpfe und Schwindelanfälle. Dann verschlimmert sich ihre Neurose.

Drei Jahre lang ist sie immer wieder dem Tode nahe, meistens bettlägerig und zeitweise total gelähmt. Einer ihrer besten Biographen, Ernst Schering, hat zweifellos recht, wenn er sagt, dass unter heutigen Verhältnissen Theresia wahrscheinlich im Irrenhaus gelandet wäre.

Das spricht nicht für die heutigen Verhältnisse, und es spricht ganz bestimmt nicht für unsere Irrenhäuser. Denn dies ist das Erstaunliche an der Neurose der heiligen Theresia: Nach drei Jahren klingen die fürchterlichen Symptome ab. Aus der Neurotikerin wird eine der schöpferischsten und tatkräftigsten Persönlichkeiten des Jahrhunderts.

Wie hat sie das geschafft? Welche Tabletten hat sie genommen? Bei welchem Psychotherapeuten ist sie gewesen? Sie hat keine Tabletten genommen und keinen Psychoanalytiker. Unablässig hat sie das Buch Hiob gelesen, jenen Abschnitt des Alten Testaments, in dem das Elend des leidenden Menschen ohne jeden frommen Trost geschildert wird. Und sie hat das Bild des Gekreuzigten betrachtet nach jenem Wort Augustins, dass einer dunklen Seele nur durch den Anblick des Leidens geholfen werden kann.

Ich erzähle das nicht, um die Religion als Ersatz für die Medizin zu empfehlen. Ich meine nur: Die Heilung der Theresia von Avila zeigt aufs deutlichste, dass es bei seelischen Krankheiten eben sehr darauf ankommt, was man unter der Seele versteht.

Die heilige Theresia jedenfalls geht aus dieser schweren psychosomatischen Erkrankung außerordentlich vertieft und gefestigt hervor. Sie weiß jetzt, was sie will. Den entscheidenden Schritt tut sie im Jahr 1562. Mit einem Dutzend Mitschwestern verlässt sie das Kloster zur Menschwerdung und gründet ein Kloster der Reform. Es soll der Anfang sein zu einem neuen Zweig des Karmelitinnenordens, bestimmt für Frauen, die im Kloster nicht die Versorgung suchen, sondern die Begegnung mit Gott.

Das Wort „Kloster der Reform" wird heute niemanden sonderlich aufregen. Wir haben in den letzten Jahren in der katholischen Kirche bis zum Überdruss von Reform geredet. Warum sind wir damit so kläglich gescheitert? Theresia von Avila hätte es uns sagen können: Sie wusste, dass jede anständige, jede echte Reform in der Kirche nicht bei der Liturgie zu beginnen hat, nicht bei der Theologie und nicht bei der Organisation, sondern bei den Finanzen. Das Reformkloster der heiligen Theresia fällt erst einmal auf durch völlige Besitzlosigkeit und völlig anspruchslose Lebensführung.

Die Aufregung darüber in der Stadt Avila ist unbeschreiblich. Man mag sie etwa vergleichen mit der Aufregung in einem bürgerlichen Quartier, wenn plötzlich eine radikale Kommune auftaucht. Dass nämlich Frauen ohne Mann im Kloster leben, das können die Leute schon verstehen – vorausgesetzt diese Frauen sind wenigstens gut versorgt. Dass aber Frauen sich anmaßen, ohne Mann und ohne Geld auszukommen, das erscheint so unvorstellbar, dass sofort die wildesten Spekulationen und Gerüchte entstehen.

So werden die letzten zwei Jahrzehnte im Leben der Heiligen zu einem Kampf auf Leben und Tod.

Nacheinander gelingt ihr die Gründung von siebzehn reformierten Klöstern. Aber fast pausenlos ist sie dafür im Ochsenkarren auf den unsicheren Landstraßen Spaniens unterwegs, um in endlosen Auseinandersetzungen mit Bischöfen, Prälaten und Bürgermeistern ihr Werk vor der drohenden Vernichtung zu retten. Sie verirrt sich in der wüsten Sierra Morena und wird knapp vor dem Verdursten gerettet. Dann steckt sie plötzlich mitten in einem Schneesturm. Sie wird von Banditen überfallen und von Landstreichern belästigt. Auf einem losgerissenen Floß treibt sie die tückischen Stromschnellen des Guadalquivir hinunter.

Weit gefährlicher als die Strudel des Guadalquivir sind für ihr Leben die Nachstellungen der Inquisition. Friedrich Heer hat einmal darauf hingewiesen, dass von allen Visionen der heiligen Theresia die Visionen der Hölle am aufschlussreichsten sind. Sie hat sich nämlich die Hölle ganz anders vorgestellt als Dante. *Ihr* Bild der Hölle ist bis ins Detail das Bild einer Folterkammer der spanischen Inquisition.

Diese Hölle droht der heiligen Theresia um so mehr, als die persönliche Diffamierung schon immer die schärfste Waffe der innerkirchlichen Reaktion war. Hier der zufällig erhaltene Wortlaut des Briefes eines spanischen Prälaten an den Papst: „Viele Male habe ich Eurer Heiligkeit von jener Theresia geschrieben, von jener Betrügerin und ihrer Arglist, wie sie scheinheilig ihre Ausschweifungen und Schandtaten unter dem Deckmantel von Klostergründungen verübt. Unlängst nun reiste diese Nonne in einem geschlossenen Wagen. Mitten auf dem Platz von Medina del Campo zerbrach der Wagen, und die große Menge auf diesem Platze konnte sehen, wie besagte Nonne mit einem gewissen Mönch ihr heiliges Gelübde brach."

Der päpstliche Nuntius in Madrid, Philipp Sega, bezeichnet sie mal als „Landstreicherin", mal als „unruhiges, umherschweifendes, ungehorsames und verstocktes Weib". Kein Wunder, dass ihr wichtigster Mitarbeiter, der heilige Johannes vom Kreuz, jahrelang im Kerker verschwindet. Auch gegen sie selbst ermittelt die Inquisition, doch entgeht sie dem Prozess – hauptsächlich dank dem sagenhaften Geschick, mit dem sie ihre Beichtväter auswählt und mit dem sie verfängliche theologische Fragen zu meiden weiß. Um so gründlicher hat die Inquisition dafür ihre Schriften verstümmelt, besonders dort, wo sie über die Stellung der Frau in Kirche und Gesellschaft spricht. Wir wissen, dass sie sich leidenschaftlich dagegen gewehrt hat, als Frau ein Mensch zweiter Klasse zu sein. Wir wissen, dass sie sich auf Jesus berufen hat, um das Wort des heiligen Paulus zu entkräften, die Frau habe in der Kirche nichts zu sagen. Wir wissen, dass sie in schwierigen Stunden ihren Mitschwestern zu sagen pflegte: „Es ist gewiss schwer, als Frau im Kloster zu leben. Aber denkt daran: Es ist noch viel schwerer, der Tyrannei eines Ehemannes unterworfen zu sein." „In dem allgemeinen Schwanken und der stets weiter um sich greifenden Verzagtheit", schreibt Schering, „war sie die einzig wahrhaft männliche Figur."

Ninon de Lenclos
und das Evangelium nach Lukas

Worin wir uns für die Lebensbeichte der verführerischsten Frau von Paris interessieren.

Als sie beide schon hochbetagt waren, hat Madame de Sévigné ihren lebenslangen Ärger mit Ninon de Lenclos so zusammengefasst: „Zuerst hat sie meinen Mann verführt. Dann hat sie mir meinen Liebhaber genommen. Danach hat sie meinen Sohn auf Abwege gebracht. Und im Augenblick führt sie meinen Enkel in die Liebe ein. In gewissem Sinne gehört Mademoiselle de Lenclos bei uns zur Familie." Soweit die geistreiche Marquise über die berühmteste, die begehrteste, die umstrittenste Kurtisane von Paris.

Heute vor 400 Jahren ist Ninon de Lenclos geboren. Zehn Jahre alt war sie, als ihr Vater einen Meuchelmord beging, der in Paris große Empörung auslöste. Er floh nach Italien. Was er an Hab und Gut zurückließ, beschlagnahmte die Justiz. Seine zurückgelassene Frau geriet in nackte Not. Wovon sollte sie mit ihrem Mädchen leben?

War ihr entflohener Vater ein feiger Mörder, so war er doch auch ein vielbewunderter Lautenspieler. Eine Laute war das Einzige, was er seinem Kind zurückließ. Früh auch hatte er sie das Instrument spielen gelehrt. Ninons Mutter, zuvor als Frömmlerin verlacht, kannte jetzt keine Skrupel mehr, das Mädchen hier und dort als Lautenspielerin, als Tänzerin auch, auftreten zu lassen. Es kann nicht bei Musik und Tanz geblieben sein. Als Ninon sechzehn wurde, war ihr Ruf schon so schlecht, dass manche sie, mit oder ohne Laute, zu den *filles de soldats* wünschten, zu jenen gefallenen Mädchen, die Frankreichs Kasernen umschwärmten, und denen Seine Majestät der König, wenn sie dem Tor der Kaserne zu nahe kamen, Nase und Ohren abschneiden ließ.

Doch dann, nach all dem Unglück ein unverhofftes Glück: Armand Jean du Plessis Cardinal de Richelieu. Über Generationen Frankreichs mächtigster Minister. Bekannt ist, dass Seine Eminenz dem schönen Geschlecht ebenso galant wie diskret zu begegnen wusste. So diskret, dass bis heute niemand sicher weiß, ob alles stimmt, was Voltaire über den großen Kirchenfürsten und die kleine Lautenspielerin berichtet. Fest steht, dass Ninon den schönen jungen Boten, der ihr die Liebesgrüße des Kardinals zu überbringen pflegte, ungleich besser gemocht hat als den bejahrten Kirchenfürsten selbst. Kardinal Richelieu hat ihr das nicht übel genommen. Als er von der Not hörte, in der sie und ihre Mutter lebten, hat er ihr eine jährliche Rente von 2000 Pfund ausgestellt, die noch lange über seinen Tod hinaus ausgezahlt wurde.

Statt abzusinken zu den Soldatendirnen, steigt Ninon de Lenclos auf in den erlesenen Kreis der „courtisanes" von Paris. Das waren Frauen in der Tradition der antiken Hetären, die ihren Gönnern nicht nur Liebesdienste erwiesen, sondern sie auch mit geistreichen Gesprächen und mit Musik zu unterhalten wussten.

Ein junger Dichter besang ihre Brüste als „zwei rote Rosen in Milch getaucht". Dabei wussten schon die Zeitgenossen, was uns die erhaltenen Porträts verraten: Ninon war keineswegs die schönste Frau von Paris. Verführerisch war nur das Spiel ihrer Augen und betörend der Klang ihrer Laute.

In jenen Kreisen, die man heute als progressiv bezeichnen würde, stieg sie auf zur Kultfigur der „libertinage": freier, um Sitte, Kirche und Ehe unbekümmerter Liebe. Entsprechend wuchs ihr Selbstbewusstsein: Für sie, sagte sie stolz, gebe es nur drei Kategorien von Männern. Zuerst die „payeurs", die „Zahler" in der Nachfolge von Kardinal Richelieu. Sodann die „Märtyrer", Männer, die sie keines Blickes würdigte, denen sie aber gestattete, sie schmachtend zu umschwärmen. Ihre Vorliebe jedoch galt jetzt einer dritten Kategorie, die sie „mes caprices", „meine Launen" nannte. In der Nachfolge jenes schönen Boten von Kardinal Richelieu waren das meist blühende Jünglinge, die sie gelegentlich sogar von der Straße auflas, „allez hop" in ihre

Kutsche lud und „allez hop, allez hop" in ihr legendäres Himmelbett beförderte. Für einen Augenblick, für ein paar Tage höchstens, dann war die nächste Laune dran.

Mit dreißig hatte sie ihren eigenen Banquier. Gab es etwas, was jetzt noch ihre Karriere gefährden konnte? Ja. Die Liebe. Die große Liebe. So schön und auch so geistreich war der Marquis de Villarceaux, dass Ninon aus lauter Liebe zu ihm sogar Paris verließ. Drei Jahre lang ist sie ihm von einem seiner Schlösser ins andere gefolgt. Und sie gebar ihm einen Sohn. So blind hat die große Liebe Ninon de Lenclos gemacht, dass sie ein wichtiges Detail übersah: Es gab nicht nur Monsieur de Villarceaux, es gab auch Madame de Villarceaux. Es fügte sich, dass Madame Hofdame war bei Königinmutter Anna, die für den noch unmündigen Ludwig XIV Frankreich regierte. Von Madame de Villarceaux beraten, beschloss die Regentin, der allzu frech gewordenen Kurtisane eine Auszeit zu verordnen. Paris hielt den Atem an, als die *lettre de cachet*, der königliche Haftbefehl, Ninon de Lenclos zugestellt wurde, als sie gar eingeliefert wurde in die „Madelonnettes", ins Magdalenerinnenkloster. Den Nonnen dort wurde großes Geschick in der Bekehrung gefallener Jungfrauen nachgesagt.

Kaum hatte Ninon de Lenclos ihre Büßerinnenzelle bezogen, wurden die Gassen um das

Magdalenen-Kloster zum Schauplatz wüster nächtlicher Tumulte. Es war die schöne und reiche Jugend, die „jeunesse dorée" von Paris, die, um Ninon zu huldigen, um sie zu befreien, sogar an den Klostermauern hochkletterte. Regelrecht in Panik gerieten die Nonnen aber erst, als sie erfuhren, dass Mademoiselle de Lenclos nicht nur junge Männer, sondern auch junge Frauen zu verführen wisse. Der Bitte, sie unter diesen Umständen doch lieber in einem Männerkloster gefangen zu setzen, lieh Königinmutter Anna kein Gehör. „Aus den Augen aus dem Sinn": Abseits aller Skandale ließ sie Ninon, weit draußen in der Picardie, umquartieren in ein einsames Frauenkloster mit dem schönen, aber dogmatisch nicht ganz korrekten Namen „Zur Empfängnis des heiligen Joseph".

War sie wirklich geläutert, als sie nach einem Jahr des Schweigens, des Gebets und des Fastens das Josephs-Kloster wieder verlassen durfte? In der rue des Tournelles, im damals neuen und schicken Quartier des Marais kaufte sie sich ein weitläufiges Anwesen. Platz genug für einen salon littéraire. Dort, unter ihrer Regie, wird Molière seine beißende Satire auf Moral und Frömmigkeit, den „Tartuffe", zum ersten Mal vortragen. Jene literarische Ausstrahlung, die andere Pariser Salonnières, etwa Mademoiselle de Scudéry, berühmt gemacht hat, wurde Ninon de Lenclos dennoch nie zuteil. Dafür war sie, nach der Not ihrer Jugend, zu ungebildet. Montaigne, den frühen französischen Aufklärer, und Epikur, den antiken Hedonisten, scheint sie gelesen zu haben. Insgesamt umfasste ihre ganze Bibliothek aber nicht mehr als sechzig Bücher, die sie, hoch über ihrem Salon, in einer Dachkammer verwahrte, auch für sie selber unzugänglich. So war es eher das Bekenntnis zur Libertinage, zur erotischen Freizügigkeit, das hedonistische Aufbegehren gegen Kirche und Moral, das viele, unter literarischen Vorwänden, in ihren Salon zog.

Auffällig viele Homosexuelle haben in Ninons Salon verkehrt. Dafür haben manche Historiker eine philosophische Erklärung. Ninon de Lenclos verteidigte ihren Lebenswandel gern mit Zitaten von Epikur. Der antike Philosoph der Sinnenfreude war aber auch unter den Pariser Homosexuellen hoch im Schwange. Gewiss stand die „Sünde wider die Natur" immer noch unter Todesstrafe durch Verbrennung. Nur alle zwei, drei Jahre kam es aber in Paris noch vor, dass sich einer so verquer anstellte, dass er auf dem Scheiterhaufen enden musste. In Europas größter Stadt wimmelte es von Homosexuellen, die ihre Neigung ungeniert zu erkennen gaben. Der prominenteste war der Bruder des Sonnenkönigs, der Herzog von Orléans, der stets von einem ganzen Schwarm charmanter Jünglinge umgeben war. Seine Gattin, Liselotte von der Pfalz, nahm das mit Gelassenheit.

Der Ort, wo die meisten Jünglinge der Versuchung des eigenen Geschlechts erlagen, war nicht die Kirche, sondern das Heer. Kriegsminister Louvois hat die Liebe unter Männern nicht nur geduldet, sondern sie ausdrücklich gelobt. Ein junger Mann, dem unter dem Lilienbanner nicht nur militärisches Heldentum, sondern auch erotische Erfüllung zuteil wird, fand der Kriegsminister, bleibe eher bei der Fahne als ein anderer, der sich aus der Schlacht heimsehnt, zurück in die sanften Arme seiner Geliebten.

Auch ein ruhmbedeckter Krieger muss aber nach einer Weile wieder nach Hause, um dort jene Pflicht zu erfüllen, welche damals als die allerwichtigste seines Lebens galt: nämlich für den Fortbestand seines edlen Geschlechts zu sorgen. Verständlich, dass mancher, der sich eben noch vor dem Feind tapfer geschlagen hatte, jetzt, wenn die Hochzeitsnacht näher rückte, ins Zittern geriet vor der drohenden Blamage. Doch seine Maman wusste Rat. Leise hatte es die Marquise der Comtesse, die Comtesse der Duchesse zugeflüstert: „Dein Sohn braucht jetzt zwei oder drei Lektionen bei Ninon de Lenclos."

Ninon de Lenclos als „Konversions-Therapeutin!"

Je älter Ninon wurde, desto mehr wurde dies ihr Beruf: „Professeur dans l'art d'aimer – Professorin der Liebeskunst". Der Enkel von Madame de

Sévigné ist nicht der einzige, eine ganze Generation von Enkeln hat bei der hochbetagten Ninon de Lenclos Liebeskunst studiert. Zum Schluss wurde sie so sehr zum Monument ihrer selbst, dass aus ganz Europa viele anreisten, die sie einfach einmal gesehen haben wollten. Von Ninon-de-Lenclos-Tourismus würden wir heute sprechen. Damals war, viel poetischer, die Rede von Wallfahrten zu „Notre-Dame-des-amours". Das französische Wort „amour" hat ja, ganz im Sinne von Ninon de Lenclos, eine Mehrzahl, die unserem deutschen Wort „Liebe" fehlt.

Über die Religion hat sie ihr Leben lang gespottet. Die Kirche hat es geduldig hingenommen. Sie wusste: In jedem Leben kommt ein letztes Stündlein. Auf ihrem Sterbebett, mit 84, ist es Ninon de Lenclos nicht anders ergangen als Voltaire. Ihre Lebensbeichte muss sehr umfangreich gewesen sein. Doch die Absolution war ihr sicher. Denn wie heißt es im Evangelium nach Lukas, Kapitel 7, Vers 47:

„Ihr wird viel verziehen, denn sie hat viel geliebt."

Madame de Maintenon
mit Ludwig XIV auf dem Betschemel

Worin wir Zeugen werden, wie ein Bettlermäd-
chen den Sonnenkönig um den frommen Finger
wickelte.

Schön war die Braut. Bezaubernd schön war
Françoise d'Aubigné, als sie, die spätere Madame de
Maintenon, mit siebzehn Jahren in Paris zum ersten
Mal vor den Traualtar trat. Doch etwas stimmte of-
fenkundig nicht. Wer nicht genau hinsah, konnte
meinen, diese schönste aller Bräute feiere ihre
Hochzeit allein.

Nichts stand neben der Braut am Altar als eine
Kiste. Eine Kiste auf Rollen. Zwei Hände schauten
aus der Kiste heraus, ein Buckel und die schiefe
Hälfte eines Gesichts.

Das war der Dichter Paul Scarron. Starr verkrüppelt in der Form des Buchstabens Z büßte er in seiner
Kiste für eine Jugendtorheit. Mitten im Winter war er
ins eiskalte Wasser gesprungen und hatte sich so
eine Nervenkrankheit zugezogen, die ihn unheilbar
lähmte. Doch als der Priester ihm jetzt die Frage
stellte, ob er fähig und bereit sei, seine Gattenpflicht
zu erfüllen, erklang tief aus der Kiste ein freches *Oui*.

Nicht in Verzweiflung, nicht in Selbstmitleid
hatte das Unglück Scarron gestürzt. Im Gegenteil:

Ein Feuerwerk von Ironie und Selbstironie hatte es in ihm entzündet. Sogar über seine grauenhafte Verunstaltung machte keiner bessere Witze als er selbst. Der Krüppel in der Kiste wurde zum Mittelpunkt des ungewöhnlichsten literarischen Salons von Paris.

Doch einmal geschah es, dass er sich in seinen Witzen unterbrach. „Warum", fragte er, „stellt mir niemand die Schöne vor, die dort allein steht?"

Nicht nur an Geist, auch an Menschlichkeit war Scarron all denen, die sich kichernd um seine Kiste drängten, überlegen. Er verstand, was los war mit dieser scheuen Schönen. Françoise d'Aubigné war das Kind eines bankrotten Betrügers. In den Sümpfen hinter Poitiers, in Niort, hat ihr Vater im Schuldturm gesessen. Üblich war es damals, dass ein Häftling Frau und Kinder ins Gefängnis mitbrachte. So kam es, dass Françoise d'Aubigné 1635 im Kerker von Niort geboren wurde. Um das Essen für die Familie zusammenzubetteln, zog das kleine Kind in Lumpen, mit einem zerbeulten Kesselchen in der Hand, durch die Straßen von Niort.

Eine Tante hat sich der armen Verwandten erbarmt und hat sie mitgenommen nach Paris. Was konnte eine schöne 17-Jährige ohne vorzeigbaren Vater, ohne Geld, in Paris werden?

Nichts. So viele ein Abenteuer mit ihr suchten, keiner war bereit, sie ohne Mitgift zu heiraten.

Selbst für den Eintritt ins Kloster brauchte sie eine Mitgift. „Mademoiselle", sagte Scarron aus seiner Kiste herauf, „ich zahle Ihnen die Mitgift fürs Kloster. Es sei denn, Sie sind bereit, mit meiner Mitgift mich zu heiraten." Die Antwort kam ohne Zögern: „Monsieur, lieber als ein Kloster heirate ich Sie."

Mademoiselle d'Aubigné wurde Madame Scarron. Acht Jahre dauerte die ungewöhnliche Ehe. Acht Jahre, in denen sie täglich für Scarron in seiner Kiste sorgte, während sie selber lernte, in vornehmer Gesellschaft einem Salon vorzustehen. Fünfundzwanzig war sie, als Scarron in seiner Kiste den letzten Seufzer tat. Er hinterließ ihr nichts als Schulden.

Wieder war sie in der gleichen Lage wie vor der Heirat mit Scarron: ohne Geld, ohne vorzeigbare Familie, jetzt auch noch verspottet als „die Witwe des Monstrums".

Zuerst hat sie Hilfe gesucht bei einer einflussreichen Dame, die Scarron in seiner Kiste häufig besucht hatte. Ninon de Lenclos! Das war jene hochbetagte Kurtisane, über die Madame de Sévigné geseufzt hat: „Erst hat sie meinen Mann verführt, dann hat sie mir meinen Liebhaber genommen, hernach hat sie meinen Sohn auf Abwege gebracht und im Augenblick führt sie meinen Enkel in die Liebe ein. Mademoiselle de Lenclos gehört bei uns langsam zur Familie."

In dem allzu familiären Kreis um Ninon de Lenclos warteten viele galante Messieurs darauf, eine Witwe zu trösten. Keiner konnte das so gut wie César Phébus d'Albret, Maréchal de France. Was brachten ihr seine schönen Komplimente? Nichts. Wie die meisten abenteuerlustigen Messieurs um Ninon de Lenclos war der Marschall längst verheiratet.

Im Gegensatz zu Monsieur d'Albret war Madame d'Albret die Tugend in Person. Um sich versammelt hatte sie einen Kreis von wohltätigen Damen. In ihrem Salon stickten sie für den armen Klerus Messgewänder. In der lebensklugen Erkenntnis, dass für eine bettelarme Witwe die Tugend immer noch besser ist als das Laster, wandte sich die Witwe Scarron von Monsieur d'Albret ab und Madame d'Albret zu. Wie viele Jahre hat sie Messgewänder gestickt? Schon war sie vierunddreißig, als ihr der Lohn der Tugend zuteil wurde.

Draußen in Versailles war die Favoritin König Ludwigs XIV, Madame de Montespan, in arger Verlegenheit. Ein uneheliches Kind nach dem andern, insgesamt acht, wird sie gebären: „les bâtards", „die Bastarde" des Königs. Ihre ganze Brut aufzuziehen, darauf freilich hatte die Montespan keine Lust. Dringend brauchte sie ein Kindermädchen. Nicht ganz zu Unrecht fürchtete Madame de Montespan, dass der Sonnenkönig, der sehr kinderliebend war, auch das Kindermädchen lieben könnte. In dieser

Verlegenheit suchte sie Rat bei Madame d'Albret. Ob sie ihr als Kinderfrau eine besonders fromme, besonders sittenstrenge, auch schon ältere Witwe empfehlen könne?

Tiefe Verschwiegenheit umgab das exklusive kleine Kinderheim, das die Witwe Scarron kurz danach etwas außerhalb von Paris eröffnete. Zuerst kam der königliche Vater nur selten auf Besuch. Dann immer häufiger. Ihm gefiel die sichere, einfühlsame Herzlichkeit, mit der diese einsame Frau, die selber keine Kinder hatte, seine Bastarde erzog. Und eines Tages hielt er ihre Hand einen Augenblick fest: „Madame, ich sehe, dass Sie meine Kinder lieben. Es muss schön sein, von Ihnen geliebt zu werden."

In Versailles herrschte Fassungslosigkeit. Der König, schreibt Liselotte von der Pfalz, liebe die Kinderfrau seiner Bastarde „leidenschaftlicher als jede andere zuvor". Doch was er an so einer finde, sei „unmöglich zu sagen".

So unmöglich ist es vielleicht nicht. Der Vater des Sonnenkönigs war homosexuell gewesen, sein Bruder, Liselottes Gatte, war es auch. Der König selber war das Gegenteil. In jedem Wortsinn war er ein „homme à femmes", gemacht für die Frauen. Doch an keiner hat er so gehangen, von keiner hat er sich so geliebt gefühlt, wie von der Montespan. Als wären sie seine ehelichen Kinder, so hat er ihre

Bastarde geliebt. „Comme une déesse", wie eine Göttin hat er sie über Versailles herrschen lassen.

Und jetzt der tiefe Sturz seiner Göttin. Von der Geheimpolizei musste sich Ludwig sagen lassen, dass ihn die Montespan von Anfang an hintergangen, manipuliert und betrogen hatte. Um sich den König hörig zu machen, hatte sie sich bei einer kriminellen Giftmischerin die grausigsten Elixiere besorgt und seinen Mahlzeiten beigemischt: Krötenschleim zusammengehext mit Menstruationsblut und mit Kot von Fledermäusen.

Verständlich, dass Ludwig übel wurde. Er musste die angebetete Favoritin verstoßen. Selber versank er tief in jene Depression der Lebensmitte, in der schon Dante – „nel mezzo del camin di nostra vita" – das Gefühl übermannt hatte, „vom rechten Wege abgekommen" zu sein. Doch kennzeichnet es einen Mann wie Ludwig, dass er auch in dieser männlichen Krise weibliche Lebenshilfe brauchte. Nach all den Amouretten, Mätressen und Favoritinnen sehnte er sich jetzt nach einer Frau, die Ordnung bringen würde in sein unordentliches Leben. War nicht die Gouvernante, die seine Bastarde so gut zu erziehen wusste, genau die Richtige auch für ihn selbst?

Was er jetzt zu berichten habe, schreibt Saint-Simon in seinen berühmten „Memoiren" aus Versailles, das werde in späterer Zeit kein Mensch mehr glauben wollen. In tiefster Nacht begann in des

Königs eigenen Gemächern ein hastiges Möbelrü-
cken. Heimlich wurde das Arbeitszimmer umgestal-
tet zur provisorischen Kapelle. Verhängt die Fenster, verriegelt alle Türen. Keinem in seiner ganzen
Familie, nicht seinem Sohn, nicht seinem Bruder
hatte Ludwig ein Wort gesagt. Drinnen aber, am im-
provisierten Altar, stand kein Geringerer als der
Erzbischof von Paris. Vor ihm, zum zweiten Mal im
Brautgewand, die Witwe Scarron. Neben ihr diesmal keine Kiste, sondern Europas glorreichster Mo-
narch. Aus dem berühmten *nez bourbon*, aus der edlen, jedoch stets etwas verstopften Nase des Sonnenkönigs erklang ein souveränes *Oui*.

Was war geschehen?

Vierundvierzig war Ludwig, als 1683 seine Gattin, Königin Maria Theresia, starb. Nie hatte er sie
geliebt. Jetzt fühlte er sich frei, seine neue Lebensgefährtin zu heiraten. Welchen Sturm der Entrüs-
tung das in Versailles auslösen würde, ahnte er
nicht. Diese „Krüppelswitwe"! Diese „Schlampe"!
Diese „Hexe"! Aus den Briefen seiner deutschen
Schwägerin Liselotte von der Pfalz spricht der Hass
des ganzen Hofes. Seine besten Ratgeber warnten
ihn vor dem Aufstand nicht nur des Hofes, sondern
auch seines Volkes, wenn er es wagen sollte, auf
Frankreichs Lilienthron neben sich eine Bettlerin zu
heben, die Witwe eines „monstre", die Tochter eines
Protestanten noch dazu.

Zuständig für unlösbare Probleme ist die katholische Kirche. Zusammen mit dem Beichtvater des Königs fand Bossuet, der große Hofprediger, die Lösung für das Unlösbare. Ludwig würde die Witwe Scarron heiraten, jedoch nur vor Gott. Vor seinem Hof, vor seinem Volk, staatlich und offiziell, wird es diese Ehe niemals geben. Und war auch Versailles ein Ort, wo nichts geheim blieb, so mussten doch alle so tun, als wüssten sie nichts.

Eines hat der König seiner geheimen Gattin erspart. Mitten in all dem hochadeligen Pack von Versailles brauchte sie sich nicht als „Witwe Scarron" zu demütigen. Sie bekam jenen Titel, unter dem sie eingehen wird in die Geschichte: „Marquise de Maintenon".

Und wie es war in jener dunklen Hochzeitsnacht, so wird es bleiben 32 Ehejahre lang: Bei allen höfischen Anlässen bleibt die Marquise de Maintenon irgendeine Hofdame auf einem der letzten Plätze. Doch am späten Nachmittag, wenn der Sonnenkönig die Tür zu ihren Gemächern hinter sich schließt, wird sie Frankreichs mächtigste Frau. Etwa vier Stunden bleibt er jeden Tag bei ihr. Mit ihr teilt er alles, was ihn bewegt.

Zwei Tage vor seinem Tod im Jahr 1715 hat Ludwig sie an sein Bett gerufen und ihr aufgetragen, Versailles zu verlassen. Unerträglich war ihm selber der Gedanke, dass sie bei seinem pompösen

Begräbnis nichts anderes hätte sein dürfen als eine von vielen unbeteiligten Zuschauerinnen.

Sie fuhr hinaus nach Saint-Cyr. Zum zweiten Mal in ihrem Leben hatte sie dort ein Kinderheim gegründet. Aber diesmal nicht für königliche Bastarde, sondern für ihresgleichen. Für Mädchen aus zerrütteten Familien. Dort ist Françoise d'Aubigné, das Bettlerkind aus dem Kerker von Niort, die Witwe des Krüppels Scarron, ist Madame de Maintenon, am 15. April 1719, zu ihrem königlichen Gatten heimgegangen.

„Ich bin weder Jüdin noch Christin.
Ich bin römisch-katholisch."

Worin wir hautnah erleben, wie die Ermordung des Erzbischofs von Paris in Sarah Bernhardt den Sinn fürs Tragische weckte.

Mit sechsunddreißig Jahren schon galt Sarah Bernhardt als „la Divine", Frankreichs göttliche Schauspielerin. Doch als sie jetzt, um auch Amerika zu erobern, 1880 in New York vom Dampfer stieg, empfing sie am Kai die Presse mit Fragen von amerikanischer Respektlosigkeit: „Mademoiselle, was sind Sie eigentlich? Sind Sie Jüdin oder Christin?" Ihre Antwort hat viele verblüfft: „Ich bin weder Jüdin noch Christin. Ich bin römisch-katholisch."

Das war, gleich beim ersten Auftritt in der Neuen Welt, ihr eigenwilliges Bekenntnis zu jener sehr alten Welt, in der sie aufgewachsen ist: zum Kloster der Augustinerinnen von Versailles. Sarahs Mutter Judith, eine holländische Jüdin, war in Paris in den exklusiven Kreis der begehrtesten Kurtisanen aufgestiegen. Da ihr das uneheliche Kind bei ihrem horizontalen Gewerbe nichts als im Wege stand, hatte sie Sarah in diesem Klosterinternat untergebracht. Nie wird Sarah vergessen, dass die Nonnen in Versailles ihr all jene Mütterlichkeit geschenkt haben, die ihr die eigene Mutter vorenthalten hatte.

In diesem Kloster steht sie 1854 im Alter von zehn Jahren zum ersten Mal auf der Bühne. Als Erzengel Raffael in der biblischen Geschichte von Tobias und dem Engel. Der Erzbischof von Paris, Monseigneur Sibour, kommt persönlich zur Premiere. Für Sarah wird sie zum Fiasko. Die Rolle des gütigen Erzengels passt überhaupt nicht zu ihrem stürmischen, jähzornigen Temperament. So gilt der gesamte Applaus nicht ihr, sondern dem Klosterhund César, der die Rolle des Seeungeheuers spielt. Schon will sich das eifersüchtige Erzengelchen auf den Klosterhund stürzen, da fährt die Vorsehung dazwischen: Ein Attentäter schleudert eine Bombe, die leider nicht nur den Klosterhund ums Leben bringt, sondern auch den Erzbischof.

In dieser Stunde, so wird Sarah Bernhardt bekennen, ist in ihr jener Sinn für Tod und Tragödie erwacht, der ihr ganzes Bühnenleben prägen wird. Sie reckt die Hand zum Himmel und gelobt, zur Sühne für die feige Ermordung des Erzbischofs Nonne zu werden. Entsetzt versammelt Mutter Judith den Familienrat. „Familienrat" heißt in diesem Falle: Sie trommelt ein halbes Dutzend Herren zusammen, die ihr besonders nahestehen. Vor diese sündige Runde tritt Sarah und ruft trotzig: „Mein Bräutigam ist Jesus!" Muttis Kavaliere antworten mit wieherndem Gelächter. Wutentbrannt stürzt sich Sarah auf den Nächstbesten, einen Notar aus Le

Havre, zerkratzt ihm die grinsende Visage und reißt ihm triumphierend ein volles Büschel Haare vom Kopf.

Es ist Sarahs Glück, dass in diesem Augenblick der Herzog von Morny zum Familienrat stößt. Er fasst Mutter Judith um die Schulter: „Chérie, deine Tochter gehört nicht ins Kloster, sondern ins Theater."

Der Herzog von Morny ist nicht irgendjemand, sondern der mächtige Halbbruder Kaiser Napoleons III. und, fast ebenso wichtig, ein enger Freund von Alexandre Dumas père. Er sorgt dafür, dass Sarah mit vierzehn Jahren schon in die klassische Schauspielschule des Conservatoire aufgenommen wird und gleich danach, noch klassischer, in die Comédie-Française.

Der Eklat kommt am feierlichsten Tag. Während der jährlichen Gedenkstunde für Molière in der Comédie Française tritt klein Sarah auf eine der renommiertesten Schauspielerinnen zu und versetzt ihr links und rechts eine klatschende Ohrfeige.

Frühes Ende einer klassischen Karriere. Muttis Herrenrunde aber lässt Sarah auch jetzt nicht fallen, sondern verschafft ihr den Eintritt ins Odéon, ein weniger auf Klassik, mehr auf Romantik und Unterhaltung ausgerichtetes Theater. Für Alexandre Dumas *père* darf sie dort spielen. Im Odéon entwickelt sie jene Methode, die zum Schlüssel für ihren kometenhaften Aufstieg wird: Sarah lernt zuerst ihre

Texte bis zur Besinnungslosigkeit auswendig. Ihren Auftritt aber, ihr Spiel plant und probt sie nicht, sondern überlässt sich ganz dem Genius, der Laune des Augenblicks. Eigentlich spielt sie nie ihre *Rolle*. Sarah Bernhardt *ist* Sarah Bernhardt. Und Paris ist begeistert.

Um sich von ihrer Mutter unabhängig zu machen, hat sie inzwischen einen eigenen Kreis großzügiger Messieurs um sich versammelt. Diese Runde spendiert ihr ihren innigsten Wunsch. Das ist jener Sarg aus kostbarem Rosenholz, den sie in Erinnerung an den tragischen Beginn ihrer Karriere ein Leben lang mit sich führen wird. Ein Pariser Kritiker schreibt: „Dass Mademoiselle Bernhardt in diesem Sarg schläft, ist seit längerem bekannt und insofern stilvoll, als sie ja mager ist wie ein Skelett. Dass sie sich jetzt aber auch noch angewöhnt hat, ihre Liebhaber im Sarg liegend zu empfangen, steigert die Geschmacklosigkeit zum Skandal."

Es sind die Preußen, die dem Skandal um Sarah Bernhardt ein vorläufiges Ende setzen. Im Deutsch-Französischen Krieg werden die Theater in Paris alle geschlossen. Als neue Jeanne d´Arc zieht Sarah derweil über die Schlachtfelder, tröstet die Sterbenden mit der Marseillaise und ruft die Lebenden auf zum Heldentod.

Das Grauen des Kriegs bestärkt sie noch in ihrer frühen Liebe zur Tragödie. Mal klassisch, mal romantisch stirbt sie auf wechselnden Pariser Bühnen einen Tod nach dem andern. Sarah stirbt mit dem hehren Pathos der Tragödien von Racine. Dann stirbt sie himmlisch entrückt wie eine Madonna. Grausam lässt sie sich von der Inquisition verbrennen. Byzantinisch lüstern stirbt sie als Kaiserin Theodora. Sie stirbt verführerisch als Lucrezia Borgia. Wie eine Schlange stirbt sie als Kleopatra. Und Paris ist hingerissen. So begeistert wie Alexandre Dumas père wird Alexandre Dumas *fils* sein. Als „Kameliendame" wird sie für ihn den romantischsten aller Tode sterben.

Jetzt aber will Amerika Sarah Bernhardt sterben sehen. Ein eigenes Programm wird zusammengestellt. Mit acht Tragödien. Acht verschiedene Arten, Sarah Bernhardt sterben zu sehen.

Mit neun Tonnen Gepäck ist sie in New York gelandet und umgestiegen in ihren Sonderzug, den „Sarah-Bernhardt-Special". Mitgebracht hat sie auch „la ménagerie", ihren berühmten Privatzoo. Da sind der Riesenpapagei und der Puma, die zusammen Alexandre Dumas so fürchterlich zerbissen haben. Da ist ihr Alligator, da ist der Affe, den sie „Darwin" getauft hat, und da ist die riesige Boa Constrictor, die glücklicherweise niemals aus dem Winterschlaf erwacht und Sarah deshalb das ganze Jahr als Fuß-Schemel dient.

Jetzt aber gewinnt ihre Menagerie eine amerikanische Dimension. Am Strand von Boston stellt sich

Sarah Bernhardt in Siegerpose mit Harpune auf den Rücken eines gewaltigen Walfisches. Alle amerikanischen Zeitungen bringen das Bild mit dem Text: „Das Wunder Frankreichs besichtigt das Wunder der Ozeane." Ein Plakat wird gedruckt: „Niemand versäume, den Riesenwal zu besichtigen, eigenhändig getötet von Sarah Bernhardt. Das Fischbein wird verwendet für das Korsett der Künstlerin." Ein halbes Jahr wird ihre Tournee durch die USA dauern. Und wo sie hinkommt, stinkt vor dem Theater der tote Walfisch zum Himmel.

Ein Abstecher dann ins kanadische Quebec. Am Bahnhof noch wird sie mit „Vive la France!" begeistert empfangen. Aber am Abend ist das Theater fast leer. Der Erzbischof von Montréal hat sie von der Kanzel herab verdammt als Verkörperung aller Laster Babylons, aller Todsünden von Paris.

Ganz unrecht hat er nicht gehabt, der Erzbischof von Montréal. Sarah war eine Frau von unersättlicher erotischer Neugierde. Fast jeder, den sie auf der Bühne sterbend küsste, fand sich in der Nacht darauf in ihren lebendigen Armen wieder. Mit Kaiser Napoleon III. soll sie ihr Bett ebenso geteilt haben wie mit seinem bittersten Feind, dem Schriftsteller Victor Hugo. So auch mit Eduard, dem Prinzen von Wales. Böse Zungen behaupteten, sie habe sogar Papst Pius IX, wie man damals sagte, „verführt" oder, wie man heute sagen würde, „sexuell missbraucht".

Das leere Theater in Montréal schmerzt sie umso mehr, als dies der einzige Ort ihrer Amerika-Tournee ist, wo das Publikum sie hätte verstehen können. Denn Sarah Bernhardt, der erste große Weltstar, kann nicht englisch. Und doch wird sie quer durch die Provinzstädte des Mittleren Westens, sie wird später in Ostasien, vor allem aber quer durch Australien begeisterter gefeiert als in Paris. Liegt das daran, dass die französische Sprache damals noch eine Magie besaß, die sie inzwischen verloren hat? Nein. Es wird in Sidney nicht anders sein als in New York. Selbst wenn sie sich tragische Männerrollen aneignet und als Hamlet stirbt, interessiert nicht Hamlets Ende. Sarah selbst, sie persönlich, will die Welt sterben sehen.

In Rio ist sie von einer hohen Mauer gesprungen. Dabei hat sie sich verletzt. 1915 muss ihr ein Bein amputiert werden. Ganz Paris spekuliert, wie das wohl sein wird, Sarah, die Meisterin der „S-Pose", des verführerisch sich windenden weiblichen Körpers, Sarah Bernhardt mit einem Holzbein?

Sie selbst hat einen anderen Einfall. Das einzige, was jetzt noch zu ihr passt, ist eine Sänfte. So lässt sie sich, die Marseillaise singend, über die Schlachtfelder Lothringens tragen. Aus ihrer Sänfte will sie hinabsteigen ins tödliche Grauen der Schützengräben. Doch da greift die Oberste Heeresleitung ein:

Sarah Bernhardt, die Jeanne d´Arc ihrer Tage, darf nur auf der Bühne sterben.

Kaum ist der Krieg vorbei, denkt sie schon nicht mehr an Frankreich, sondern macht neue große Pläne zu Reisen in alle Welt. Diese unersättliche Lust zum Aufbruch in ferne Länder hat sie selber mit ihrer Herkunft erklärt: „Es ist das mir so kostbare Blut Israels, das in meinen Adern fließt." Vielleicht lohnt sich aber auch der Vergleich mit einer deutschen Schauspielerin, mit Marlene Dietrich. So wie Berlin für Marlene Dietrich zu klein sein wird und Hollywood allein ihr eine angemessene Bühne werden konnte, so war schon eine Generation zuvor Paris für Sarah Bernhardt zu klein. Es zog sie aus der Alten in die Neue Welt. Mit insgesamt neun Tourneen durch die Vereinigten Staaten hat sich die Bernhardt vor der Zeit ein eigenes Hollywood geschaffen.

Amerikanische, australische, südamerikanische Provinzstädte hat sie allein mit ihrer Körpersprache zu fesseln gewusst und war dabei oft schon so vulgär, wie es Hollywood sein wird. Doch zugleich hat sie die schönen Geister ihrer Tage in den Bann geschlagen, nicht nur Victor Hugo, auch Emile Zola, Oscar Wilde und Mark Twain. Und für alle jene, die vielleicht glauben, Sarah Bernhardts Epoche sei nichts mehr als verlorene Zeit, hat Marcel Proust ihr in „Auf der Suche nach der verlorenen Zeit" ein unvergängliches Denkmal gesetzt.

Und es wird das Ende sein, wie der Anfang war. Abertausend Mal hatte sie den Tod gespielt. Als es ernst wurde, hat sie nach einem Priester verlangt. Versehen mit den Sakramenten der römisch-katholischen Kirche ist Sarah Bernhardt am 26. März 1923 in Paris gestorben.

„Je ne suis ni juive ni chrétienne. Je suis catholique romaine."

David Hume
in allen Bars von Edinburgh

Worin uns klar wird, wie ein Atheist zum Heiligen werden konnte.

Edinburgh im hohen Sommer des Jahres 1776: Schottlands größter Geist, der Philosoph David Hume, liegt auf dem Sterbebett. Sein alter Freund, der Schriftsteller James Boswell, will ihn ein letztes Mal besuchen. Trösten will er ihn. Doch da David Hume in Edinburgh, und weit darüber hinaus, als Atheist gilt, will er vorher wissen, ob Hume denn jetzt, im Angesicht des eigenen nahen Todes, nicht doch bereit sei, an die Unsterblichkeit seiner Seele zu glauben.

Sanft schüttelt der Todkranke sein philosophisches Haupt. Ewiges Leben? Himmel, Seele und Unsterblichkeit? „A most unreasonable fancy – Was für eine närrische Phantasie!"

Boswell, ein gläubiger Protestant, ist entsetzt, mag's nicht glauben, hakt nach. Wieder schüttelt David Hume, gelassen und heiter, den Kopf. In seinem irdischen Leben habe er sich sehr wohlgefühlt. Da könne er sich gar nicht vorstellen, dass es ihm im Himmel gefallen könnte. Auch habe es ihn nie im Geringsten gestört, dass er, David Hume, einst, vor seiner Geburt, nicht existierte. Deshalb bereite es ihm auch jetzt auf seinem Sterbebett keinerlei Kummer, dass er bald schon, nach seinem Tod, nicht mehr sein werde.

Die reuelose Heiterkeit, mit der David Hume im Sterben noch die Unsterblichkeit der Seele bezweifelte, hat seinen Freund James Boswell dermaßen verstört, dass er wochenlang im Suff Trost suchte und, sagen manche, in der Hurerei.

Ganz anders nahmen andere die Nachricht von Humes heiterem Sterben auf. Dass ein Mensch nach einem erfüllten Leben dem Tod so gelassen ins Auge sehe, fanden viele in ganz Europa, sei eine neue Art aufgeklärter Weisheit. Oder vielleicht sogar noch mehr? „Die Aufklärung", urteilt der Historiker Gerhard Streminger, „hatte ihren Heiligen."

Zuständig für Humes Heiligsprechung fühlte sich Miss Nancy Orde, eine bezaubernde junge Edinburgerin. Nicht nur war sie von dem alten David Hume persönlich begeistert, auch seine Werke hatte sie alle so gründlich gelesen, dass sie ihm seinen Atheismus gar nicht glauben mochte. Jetzt, während Mister Boswell sich vor Verzweiflung betrank, begab sich Miss Nancy vor David Humes Haus. Sie hatte nämlich bemerkt, dass die Gasse vor dem Haus noch keinen Namen hatte. Also nahm sie einen dicken Stift und schrieb auf die Wand „Saint David´s Street". Gegen Miss Nancy einzuschreiten, hat damals, hat seither niemand gewagt. Noch heute heißt die Gasse: „Straße zum heiligen David."

Was also war David Hume: ein verstockter Atheist oder ein neuer Archetyp des Heiligen? Wer darüber zu einem Urteil kommen will, dem sei ein klassischer Begriff der deutschen evangelischen Theologie empfohlen. Dieser ist allerdings in Deutschland selber kaum noch in Gebrauch, dafür wird er in England und Amerika im deutschen Original verwendet. Die englische Rede ist von „the Sitz im Leben".

„The Sitz im Leben" für David Humes Denken war das Schottland des 18. Jahrhunderts. In diesem Land die römische Ordnung durchzusetzen, war schon in den alten katholischen Zeiten nicht gelungen. Der Reformator John Knox hat dann versucht, aus Genf die noch viel strengere calvinistische Ordnung zu importieren. Doch als David Hume 1711 in Edinburgh geboren wurde, stand auch die protestantische Zucht schon wieder in voller Auflösung.

Und wie das oft so ist in Zeiten der Auflösung, erlebte Edinburgh jetzt eine intellektuelle Blüte sondergleichen. Wo aber führten Edinburghs große Geister ihre Streitgespräche? Nicht in der High Kirk of Edinburgh. Und schon gar nicht wie drüben in Königsberg in der Universität. Theisten und Atheisten, Deisten, Hedonisten; Juristen, Historiker, Philosophen, Ökonomen – Abend für Abend trafen sie sich alle in den legendenumwobenen Bars und Clubs von Edinburgh.

Im Unterschied zu Professor Kant, seinem deutschen Zeitgenossen, war David Hume ein Mann von Welt. Nach England und nach Frankreich hat es den Schotten früh gezogen. Später, als Diplomat im Dienst des Königs von England, hat er Deutschland und Italien bereist, dann wieder Frankreich. Aber selbst in London hat er Englisch nie anders gesprochen als mit schwerem schottischem Akzent. Und wo er war, es zog ihn immerzu zurück, in die Bars von Edinburgh. Dort, beim Whisky, hatte seine Philosophie ihren „Sitz im Leben".

Eins berichten alle, die ihn in den Bars von Edinburgh erlebt haben: dass sich David Hume mit niemandem so gern, so leicht und so interessant unterhalten habe wie mit den Theologen. Das lag am Whisky nicht allein. Hume war Skeptiker. Der Zweifel war für ihn das Prinzip des Denkens. Nichts aber regt den, der gerne zweifelt, so an wie die Religion. Wie ein roter Faden durchzieht der Zweifel an der Religion Humes ganzes Werk. Nicht nur seine „Naturgeschichte der Religion". Selbst in seiner „Untersuchung über den menschlichen Verstand" hält er sich so lang wie möglich beim Wunderglauben auf. Und wer wissen will, was die Religion in der Geschichte der Völker alles anzurichten vermag, der lese Humes dreibändige „Geschichte Englands".

Dennoch war David Hume vorsichtig genug, seine beste Abhandlung den Zeitgenossen zwei Jahrzehnte lang vorzuenthalten. Man fand sie erst bei seinem Testament. Als sie dann, ein Jahr nach seinem Tod, endlich gedruckt wurde, hat sie viele so verstört wie, an seinem Sterbebett, Freund Boswell. „Of the immortality of the Soul", lautet der Titel, „Über die Unsterblichkeit der Seele".

Dass die Religion etwas Großartiges sei, schreibt er zu Anfang augenzwinkernd, sei daran zu erkennen, dass sie uns über die ewige Bestimmung des Menschen Dinge offenbare, auf die der gesunde Menschenverstand von selber gar nicht käme.

Worauf denn käme der gesunde Menschenverstand von selber?

Dafür, meint Hume, brauche einer gar nicht lange theologisch nachzudenken. Mit eigenen Augen schaue er hin, wie sich der Mensch durch sein kurzes Leben schlägt. Gibt es etwas Zerbrechlicheres, etwas Hinfälligeres als den Menschen? Seinen ganzen Mut, seine ganze Intelligenz braucht der normale Mensch, schreibt Hume, „um Elend und Not abzuwenden von diesem seinem gegenwärtigen Leben". Und selbst dafür seien seine Kräfte „fast immer zu schwach".

Der Schöpfer, lehrt die Kirk of Scotland, schenke dem Menschen dieses Leben, damit er sich für oder gegen Gott entscheide und somit für ein Jenseits im

Himmel oder in der Hölle. Auch dagegen argumentiert Hume nicht etwa mit theologischen Begriffen, sondern mit dem empirischen Hinweis auf die Kindersterblichkeit seiner Zeit: Die Hälfte der Menschen sterbe doch, bevor sie auch nur fähig sei, die geringste vernünftige Entscheidung zu fällen.

Und die andere Hälfte? Die lebt und stirbt ebenfalls, ohne sich entschieden zu haben, ob sie in den Himmel oder in die Hölle will: „Himmel und Hölle", schreibt Hume, „setzen zwei verschiedene Arten von Menschen voraus: gute und böse. Aber der größte Teil der Menschen treibt zwischen Laster und Tugend einfach so irgendwie hin und her."

Nicht Bosheit, allenfalls Mittelmäßigkeit, Banalität und vor allem Überforderung kennzeichnen die meisten Lebensläufe. Und da soll Gott ein apodiktisches Urteil fällen und der einen Hälfte der Menschen die ewige Seligkeit schenken, die andere Hälfte verdammen zu ewiger Qual?

Nun gibt es freilich seit der Antike Theologen, die hoffen, dass alle Menschen gemeinsam in den Himmel kommen: „tutti insieme" – „alle gemeinsam", sagt auch Papst Franziskus. Gerade das ist für David Hume der allerschlimmste Albtraum. Das würde ja, schreibt er, bedeuten, dass „Leute wie Hannibal und Nero", ja „every stupid clown in Italy", nach Jahrtausenden immer noch, im Jenseits eben, lustig am Leben seien und nur darauf warten, dass wir ihnen dort in alle Ewigkeit Gesellschaft leisten müssen. Kein vernünftiger Mensch vermöge auf so etwas zu hoffen, jedenfalls, so fügt Hume augenzwinkernd hinzu, „not without revelation – nicht ohne Offenbarung".

Was ist das? Atheismus? Vielleicht. Es ist zumindest Skeptizismus – radikaler Zweifel. Und es ist Empirismus. Nicht mit hohen Dogmen setzt Hume sich auseinander, er betrachtet und bezweifelt vielmehr Religion als natürliches Phänomen, wie jeder sie vor Augen hat. Im Stil schließlich unterscheidet er sich völlig von der eifernden Rechthaberei der deutschen Atheisten des 19. Jahrhunderts. Trefflich trifft seine Kritik die Religion, sie ist aber nicht darauf aus, zu verletzen oder zu vernichten. Als königlicher Beamter hatte Hume eine Weile den Auftrag, von London aus die calvinistische *Kirk of Scotland* zu reformieren. Er tat es ohne Böswilligkeit, ganz einfach mit schottischem Humor.

Das ist der Grund, warum Paris 1765 David Hume einen wahrhaft triumphalen Empfang bereitet hat. Viele Franzosen wollten die Aufklärung, waren aber der religionsfeindlichen Gehässigkeit Voltaires überdrüssig. Sie sehnten sich zurück nach der zugleich geistreichen und wohltemperierten Religionskritik der „Persischen Briefe". Als wäre er ein neuer Montesquieu, verehrten die Franzosen David Hume.

Ein Atheist? Wahrscheinlich schon. Aber ein Atheist, der das Ende seiner Überlegungen so offenlässt, dass sie auch in neue und ganz andere Wege münden können. So haben viele, wahrscheinlich auch Immanuel Kant, beim Lesen von Humes Werken den christlichen Glauben verloren. Andere nicht. Im Gegenteil: Aus Humes These, dass die jenseitigen Dinge mit dem Verstand nicht erkennbar sind, zieht Sören Kierkegaard, der große dänische Theologe, den Schluss, dass die irdischen Dinge dem Verstand, die göttlichen Dinge aber nur dem Glauben zugänglich sind.

Es ist jetzt Zeit für eine Antwort auf die Frage, von der wir ausgegangen sind: Wer hatte eigentlich recht, damals in Edinburgh, als David Hume im Sterben lag: James Boswell, der über Humes heiterem Unglauben selber am Glauben irre wurde, oder die schöne Nancy, die David Hume schon zu Lebzeiten heiliggesprochen hat? Ich halte es lieber mit Miss Nancy. Wenn David Hume ein Atheist war, dann war er ein heiliger Atheist. Auch wenn er nicht an den Himmel geglaubt hat, ist er doch bestimmt in den Himmel gekommen. Und sei es nur deshalb, weil einer wie David Hume im Himmel so dringend gebraucht wird wie damals schon in Edinburgh.

Wer´s nicht glaubt, der werfe einen Blick in Dantes Göttliche Komödie, Band III. Ist etwas los im Himmel? In einem gewissen Sinne schon: Da wird gesungen. Von morgens bis abends singen die Seligen. Singen ist schön, aber auf die Dauer unendlich langweilig. Welches Vergnügen muss es da dem Herrgott bereiten, wenn endlich einmal einer in den Himmel kommt, der nicht singt, sondern denkt. Und der, mitten im Himmel, die geistreichsten Argumente dafür vorbringt, dass es den Himmel gar nicht gibt.

Wie Dominique Pire
zum Nobelpreis kam

Worin wir am Stelldichein zwischen einem parfümierten Mönch und einer linksradikalen Königinmutter verständnisvoll teilnehmen.

Im Königreich der Belgier (Protokollarische Notiz: Der König führt nicht den Titel „König von Belgien", sondern „König der Belgier".), auf halbem Weg zwischen Lüttich und Namur, steht das Heiligtum der Schwarzen Madonna von La Sarte. Hoch über dem Tal der Maas hat sie stets Pilger aus ganz Wallonien angezogen. Über Belgien hinaus aber ist der Ruhm dieser Madonna ebenso wenig gedrungen wie der des dazugehörigen Dominikanerklosters. Was für ein internationaler Medienrummel schon bald über dieses verschlafene Kloster hereinbrechen würde, konnte sich im Frühjahr 1958 keiner der Mönche vorstellen.

Am wenigsten ich selber. Ich gehörte damals zu den jüngeren Brüdern dieses Klosters. Meinen Rosenkranz betend ging ich im Kreuzgang auf und ab, als mir plötzlich, mitten im Gebet, etwas in die Nase stieg.

In unserem Kreuzgang roch es. Als hätte eine Orgie stattgefunden, so betörend zogen durch unser Kloster ganze Schwaden von Parfum. Nicht

irgendein Parfum, sondern ein besonders raffinier-
tes. Kein Zweifel: In unserem Kreuzgang roch es
nach Chanel!

Coco Chanel im Kloster der Schwarzen Madonna?

Es schien mir angezeigt, den Pater Prior zu alar-
mieren. Der kam in den Kreuzgang, schnupperte
und schüttelte den Kopf: „Mais non, ce n´est pas une
femme! Nein, das kommt von keiner Frau!" Er
schnupperte wieder: „Chanel", sagte er augenzwinkernd, „das ist doch das Parfum von Pater Pire!"

Dominique Pire war der einzige prominente
Mönch unseres Klosters. Sein Hilfswerk für Flüchtlinge des 2. Weltkriegs war nicht nur in Belgien bekannt, sondern auch in Deutschland. Was in aller
Welt mochte Pater Pire bewegen, sich so zu parfümieren?

Einmal in der Woche, so erfuhr ich, fahre Pater
Pire nach Brüssel, um dort mit Königinmutter Elisabeth spirituelle Gespräche zu führen. Diese aber
hatte auf ihre alten Tage eine eigenartige Vorliebe
für Männer entwickelt, die sich parfümierten. Und
so hüllte sich Pater Pire, jedes Mal bevor er Königinmutter Elisabeth aufsuchte, in eine wahre Wolke
von Chanel.

Der Zwischenfall war fast vergessen, als der
Prior am 10. November 1958 vor dem klösterlichen
Mittagessen Stille gebot: „Mir ist soeben aus Oslo

mitgeteilt worden, dass unser Mitbruder, le Père Dominique, mit dem Nobelpreis für den Frieden ausgezeichnet worden ist."

Wie versteinert saß die Mönchsgemeinde da. Kein Wort der Gratulation. Keine Geste der Freude. Kaum ein Blick hinüber zu Pater Pire. Durch siebzig Mönchsgehirne ging wortlos ein grimmiger Gedanke:

Aha! Das also war es gewesen! Darum hatte er sich parfümiert. Darum war er jede Woche nach Brüssel gefahren.

Elisabeth de Bavière! Elisabeth von Bayern. Das 82-jährige *enfant terrible* am sonst so kreuzbraven belgischen Königshof. „La Reine rouge", die rote Königinmutter, die Peking-Pilgerin. König Alberts gottlose Witwe, mit ihren frivolen Witzen über die Frömmigkeit von König Baudouin und Königin Fabiola.

Elisabeth, die „unwürdige Greisin" der belgischen Monarchie. Jetzt hatte sie sich offenbar, auf ihre letzten Tage, den frechsten ihrer Streiche ausgedacht: Einem parfümierten Mönch hatte sie in Oslo den Nobelpreis besorgt!

Es ist jetzt Zeit für jene Unterscheidung, die in allen Dingen guttut, in der Religion aber besonders. Das ist die Unterscheidung zwischen Legende und Wirklichkeit.

Dominique Pire, der Träger des Friedensnobelpreises des Jahres 1958, ist am 10. Februar 1910 in

Dinant geboren, einem Städtlein an der Maas wie aus dem Bilderbuch. Fromm auch wie aus dem Bilderbuch war man in Dinant, so fromm, dass mehr als die Hälfte der jungen Männer seiner Abiturklasse Priester wurden. Er selber wurde mit achtzehn Mönch in La Sarte. Und obwohl der Dominikanerorden keine Bindung an ein bestimmtes Kloster kennt, blieb Dominique Pire der Madonna von La Sarte sein Leben lang treu.

Kaum war jetzt in Oslo bekanntgegeben, dass einer unserer Mönche mit dem Friedensnobelpreis ausgezeichnet werde, so brachen über unser unschuldiges Provinzkloster wie die biblischen Heuschrecken Reporter aus aller Welt herein. Noch sehe ich, wie Techniker des schwedischen Fernsehens in Turnschuhen auf unserem Hochaltar herumkletterten, um den tiefen Frieden, der aus unseren uralten lateinischen Gesängen strömte, im Originalton festzuhalten. Für die ganze Welt.

Gottseidank verstand in der ganzen Welt niemand, was wir da so schön sangen. Wir sangen nämlich nicht einfach irgendwie empor zum Gnadenbild der Gottesmutter. Vielmehr war die Statue der Madonna eingehüllt in einen ganzen Wald düsterer Standarten. Das waren türkische Fahnen, welche die christliche Flotte in der Seeschlacht von Lepanto erbeutet hatte und die Papst Pius V uns übergeben hatte, zur immerwährenden Feier des Triumphs der Gottesmutter Maria über den Islam.

Und wenn wir nicht den Sieg der Madonna über die Türken besangen, dann besangen wir, ob ihr's glaubt oder nicht, Baudouin, den König der Belgier, als den Gesalbten Gottes: „Domine, salvum fac Regem nostrum Balduinum!"

Gottseidank verstand die Presse das alles nicht. Gottseidank merkte sie noch weniger, dass unsere wunderschönen Gesänge nichts mehr waren als eine mühsam aufrechterhaltene Attrappe heiler katholischer Tradition, hinter der, am Vorabend des Konzils, eine ungeheuerliche Revolte gärte.

Durch unseren schönen alten Kreuzgang liefen Ordensbrüder, die keine Kutte mehr tragen mochten, sondern es vorzogen, als Arbeiterpriester mitten in der industriellen Wirklichkeit des 20. Jahrhunderts zu leben. Pater Chenu, der große französische Theologe, dem der Vatikan Redeverbot erteilt hatte, hielt bei uns ungescheut Reden, nach denen manchem nicht mehr so recht klar war, was eigentlich der Unterschied sei zwischen Katholizismus und Marxismus.

Und mitten drin, zwischen Lepanto und Karl Marx, Pater Pire, der Nobelpreisträger für den Frieden.

Wer ihn singen sah in unserem Chor, der mochte ihn für den Inbegriff des katholischen

Traditionalisten halten. So blütenweiß war stets seine Kutte, so peinlich korrekt sein Scheitel stets gezogen, so priesterlich milde allezeit sein Lächeln. Ein Beamtensohn aus Dinant war er und wäre er kein Marienmönch geworden, so hätte er ebenso gut ein belgischer Notar sein können.

So bieder sah er aus. Doch was er tat, war das reine Gegenteil.

Ihn hatten, wie so viele Belgier seiner Generation, die beiden Kriege aus dem Gleis geworfen. Nach dem deutschen Überfall auf Belgien hatte es ihn im ersten Krieg als kleines Flüchtlingskind nach Frankreich verschlagen. Im zweiten Krieg hatte er, statt Marienhymnen zu singen, gegen die Besatzer gekämpft.

Für seine Tapferkeit vor dem Feind hat der König den Mönch mit zahlreichen Orden ausgezeichnet. Nie hat er sie auf seine Kutte geheftet. Was diesen Belgier nach dem Krieg bewegte, war nicht der Triumph der Sieger, sondern das Leiden der Besiegten.

Als belgisches Flüchtlingskind, so erzählte er oft, habe er im ersten Weltkrieg vier Jahre lang in der Bretagne gelebt. Doch nicht wie ein Flüchtlingskind hätten ihn die Franzosen behandelt, sondern „wie ein Königskind". Jetzt war er entschlossen, den Opfern des 2. Weltkriegs ein gleiches zu tun. Nach Reisen durch die Flüchtlingslager Österreichs und Westdeutschlands gründete er von Bregenz bis nach Aachen eine ganze Kette von Flüchtlings-Dörfern. Und es waren nicht irgendwelche Flüchtlinge, deren sich Pater Pire annahm. Es waren ausschließlich die hoffnungslosen Fälle. Menschen, die so krank oder alt, so entwurzelt, verwahrlost oder auch politisch so vorbelastet waren, dass niemand anders ihnen helfen konnte oder wollte. Dominique Pire hat nicht hingeschaut. Ob es ein alter baltischer Jude war, den er in sein belgisches Pflegeheim holte, oder ein alter ukrainischer Faschist, dies war ihm gänzlich gleichgültig. Warum?

Einmal habe ich Pinchas Lapide, den jüdischen Historiker, gefragt, weshalb er denn so viele Bücher über Jesus Christus schreibe. Als Diplomat des Staates Israel, gab er zur Antwort, habe er in den fünfziger Jahren die Aufgabe gehabt, eine italienische Äbtissin zu ehren, die im Krieg viele Juden in ihrem Kloster versteckt und ihnen so das Leben gerettet hatte. Während der ganzen Zeremonie sei die alte Nonne stumm geblieben. Doch unmittelbar danach habe sie aufgeschaut und ihn leise gefragt: „Sagen Sie mir, was sind Sie denn nun: Sind Sie Kommunist oder Jude oder Nazi?" Als der Jude sie entgeistert anstarrte, habe die alte Nonne ungerührt hinzugefügt: „Wissen Sie, in unserem Kloster haben wir zuerst die Kommunisten vor den Faschisten versteckt, dann die Juden vor den Deutschen und dann, nach dem Krieg, haben wir bei uns die alten Nazis versteckt. Und jetzt kann ich sie alle nicht mehr voneinander unterscheiden."

„In jenem Augenblick", sagte Pinchas Lapide, „habe ich gespürt, was das ist, der Geist Jesu Christi."

Der Geist Jesu Christi war der Geist von Dominique Pire. Und wie er nicht hinschaute, was das für einer sei, dem er in der Not half, so hat er auch nicht hingeschaut, wer das sei, der ihm Geld für seine Flüchtlinge gab. Zum Entsetzen der belgischen Bischöfe ging er zu den Freimaurern und zu den Sozialisten. Zum Schluss ging er sogar zu Elisabeth von Bayern, zur roten Königinmutter.

So begann die seltsamste aller belgischen Romanzen: das wöchentliche Rendez-vous zwischen einem parfümierten Marienmönch und einer linksradikalen Königin. Ob sie es allerdings wirklich war, die ihm mit ihren zahllosen Fäden in die linke und die liberale Welt den Nobelpreis verschafft hat, das ist ein Geheimnis, das die rote Elisabeth 1965 mitgenommen hat in ihr königliches Grab.

Im Alter von erst 59 Jahren ist Dominique Pire ihr ins Grab gefolgt. Er war kaum unter der Erde, da zerbrach sein Kloster am heillosen Streit zwischen Lepanto und Karl Marx, zwischen rechten und linken Mönchen. Ein Sportclub hat das verwahrloste Kloster aufgekauft und mit Bulldozern dem Boden gleichgemacht. Wo Pater Pire gelebt hat, steht jetzt eine elegante Tennishalle.

An der Tennis-Bar traf ich den gewohnten Typ der sportlichen Gattin an der Seite des erfolgreichen Herrn. Ein paar coole Jünglinge waren auch da mit ihren selbstverwirklichten Mädchen. Es wird viel geschwatzt an der Tennisbar von La Sarte. An eines denkt keiner mehr: dass hier ein Heiliger des 20. Jahrhunderts gelebt hat. Ein Mönch, der nicht gezögert hat, sich für eine alte Königin zu parfümieren. Und den doch nichts bewegt hat als jenes Wort Jesu Christi, in dem das ganze Christentum beschlossen ist:

„Was ihr dem geringsten meiner Brüder tut, das habt ihr mir getan."

V. Statt eines Nachworts

Noch reitet der heilige Bernhard

Worin wir die Komik der Religion lieben lernen.

So groß ist die Glorie des heiligen Bernhard, dass die meisten Christen ihn auch als Gründer des Zisterzienserordens verehren. Aber das ist ein frommer Irrtum.

Gegründet hat den Zisterzienserorden nicht der heilige Bernhard, sondern der heilige Robert. Das war ein ganz bescheidener und somit ganz unbekannter Heiliger. Und doch kennt man die Zisterzienser, ja man kennt den heiligen Bernhard nicht, wenn man nicht ein bisschen etwas über den heiligen Robert weiß.

Als der heilige Robert geboren wurde, staunte die ganze Familie. Trug doch der Neugeborene einen Verlobungsring, der ihm offenkundig bereits im Mutterleib auf den Finger gesteckt worden war. Auf dem goldenen Ring aber stand, in strahlenden Lettern, der Name seiner himmlischen Braut: „MARIA".

Der Knabe Robert wuchs heran, an seinem Finger wuchs der Ring, in seinem Herzen wuchs die Liebe zu Maria ins Unermessliche. Sobald als möglich, das heißt im Jahr 1098, gründete er ein Kloster, das sich in bisher ungeahntem Maße der Keuschheit und somit der Marien-Mystik weihen sollte. Das war zu Cîteaux in Burgund.

Cîteaux heißt auf Deutsch Zisterz und war zu jener Zeit eine so wüste Einöde, dass es da nicht einmal Mystiker aushalten mochten. Von der schnöden Welt vergessen, blieb das winzige Häuflein Zisterzienser um Sankt Robert in der Wildnis allein.

Kaum war der heilige Robert ahnungslos und unbekannt ins Grab gesunken, da klopfte es an die Pforte seines einsamen Marienklösterleins so ungeduldig, dass der Bruder Pförtner entsetzt zusammenschrak. Draußen stand ein gewalttätig und herrisch anmutender, auf jeden Fall sehr energischer Jüngling von 22 Jahren. Das war der heilige Bernhard von Clairvaux.

Von Stund an war es aus mit der einsamen Beschaulichkeit im Kloster des heiligen Robert. Denn der heilige Bernhard kam nicht allein. Hinter ihm standen dreißig andere ungeduldige junge Männer – Freunde, Brüder, die der heilige Bernhard alle im Handumdrehen dazu überredet hatte, mit ihm zusammen ins Kloster zu gehen.

Bald danach drängten sich ungeduldige Jünglinge zu Hunderten vor der Klosterpforte von Cîteaux. So ungeheuer war die Anziehungskraft, die ausging von dem 22-jährigen Heiligen.

Um die alte Ruhe in ihrem Klösterlein wiederherzustellen, schickten die Mönche von Cîteaux den dynamischen jungen Heiligen auf eine lange Reise. Quer durchs christliche Abendland, so lautete der bewusst vage gehaltene Auftrag, solle er neue Klöster gründen.

Es wurde ein einziger Triumphzug. Wo der heilige Zisterzienser ankam, liefen die Jünglinge ihren Müttern zu Tausenden, die Ehemänner ihren Ehefrauen zu Abertausenden davon. Nichts als keusch sein, nichts als ins Zisterzienserkloster wollten die Männer alle mit einem Mal. In der Einöde von Clairvaux in der Champagne gründete Bernhard ein eigentliches Superkloster, in dem er, selber erst 24 Jahre alt, 700 kahlgeschorenen Teenagern als Abt vorstand. Weshalb denn manche weltlichen Gemüter heute nicht zögern, ihn als den ersten Skinhead der abendländischen Geschichte zu verehren.

Wichtiger scheint mir die Frage, warum ein so energischer junger Mann wie der heilige Bernhard unbedingt in einen so weltfremden, beschaulichen Orden eintreten wollte, wie ihn der heilige Robert gegründet hatte. Die Antwort liegt nahe. Der heilige Bernhard hatte mit dem heiligen Robert etwas gemeinsam: Auch er war ein glühender Marienverehrer. Kaum war der 24-Jährige in Clairvaux Abt geworden, überstürzten sich in der riesigen Teenager-Abtei die Wunder der Jungfräulichkeit. Am berühmtesten, weil in der Kunst tausendfach dargestellt, ist die „lactatio Sancti Bernardi", das „Stillungswunder des heiligen Bernhard".

Eines Abends sang der heilige Twen vor seinen versammelten Teenagern den alten Choral „Monstra te esse matrem – Erweise dich, Maria, als Mutter". Auf der Stelle erschien die Gottesmutter. Siebenhundert kahlgeschorene Jünglinge sahen mit eigenen Augen, wie sie das Jesuskind beiseite legte und statt dessen dem heiligen Bernhard die Brust reichte. Es habe, sagte er nach der Ekstase, wie Honig geschmeckt.

Es lebte aber zu jener Zeit in der Lasterstadt Paris ein einziger Gerechter. Ein Verehrer des heiligen Robert, ein Gesinnungsfreund des heiligen Bernhard. Einer, der auch von morgens bis abends nichts anderes im Sinn hatte als Keuschheit und Marienverehrung. Das war der Erzpriester Fulbert.

Wir müssen uns den Erzpriester Fulbert ähnlich vorstellen wie den heiligen Robert, nämlich als einen durch und durch harmlosen Menschen. Dennoch gab es einen Unterschied: Während der heilige Robert die Keuschheit an sich selber übte, übte sie der Erzpriester Fulbert an seiner Nichte.

Das war die keusche Heloise. Sie lebte im Hause des Erzpriesters Fulbert, und er wachte über ihre Jungfräulichkeit wie über seinen Augapfel. Die wenigen, die sie überhaupt zu Gesicht bekommen hatten, waren sich im Urteil einig: Die keusche Heloise war die schönste Frau von Paris.

In dem kolossalen Verteidigungssystem, das der Erzpriester um die Keuschheit seiner Nichte herum aufgebaut hatte, war jedoch eine schwache Stelle. Der Erzpriester war eitel. So behauptete er zum Beispiel, seine Nichte sei nicht nur die schönste und die keuscheste, sondern auch die intelligenteste von allen Frauen. Ob es denn keinen Weg gebe, einer so begabten Jungfrau die höhere Bildung zu vermitteln, ohne sie den Gefahren der Welt auszusetzen – diese Frage stellte der Erzpriester eines Tages Professor Petrus Abälard von der Universität Paris.

Professor Abälard war ein typischer Intellektueller, stark an Geist, doch an Charakter schwach. „Aber sicher", gab er zur Antwort, er sei gern bereit, der Nichte des Erzpriesters Privatunterricht zu erteilen. Privatunterricht in höherer Logik.

Professor Abälard war nicht irgendein Stubengelehrter. Es galt als der gescheiteste Mann des Jahrhunderts – er war es auch. Zutiefst geschmeichelt, dass eine solche Koryphäe seiner Nichte Privatunterricht erteilen wollte, öffnete ihm der ahnungslose Erzpriester Tür und Tor.

Was dann geschah, hat Abälard selber mit den Worten umschrieben: „Plura erant oscula quam verba – es wurde mehr geküsst als unterrichtet." Da Abälard, als echter Intellektueller, seinen Mund nicht halten konnte, wusste ganz Paris, was los war im Hause des Keuschheitswächters Fulbert. Ganz

Paris lachte. Als letztem gingen dem Erzpriester selber die Augen auf.

> „Und er sah – o Wüsteney –
> Dass das Weibsbild schwanger sey."

Mitternacht, die Geisterstunde. Durch das nächtliche Paris schleicht eine vermummte Gestalt. Das ist der Erzpriester Fulbert. Auf dem Rücken trägt er eine Leiter, unterm Mantel ein altes rostiges Metzgermesser. Was führt der Erzpriester im Schilde?

Unbemerkt schleicht er von hinten an Professor Abälards Haus. Lautlos stellt er die Leiter an. Strümpflings steigt der Erzpriester in das Schlafzimmer des sündigen Professors ein. Dann saust das lange Metzgermesser nieder. Und es geschieht, was Abälard selber so formuliert: „Er schnitt mir jenes Glied ab, ohne das es keine Sünde gegeben hätte zwischen mir und Heloise."

Als man dies im Land erfuhr, war von Trauer keine Spur. Im Gegenteil. In seiner Autobiographie „Historia calamitatium" schildert Abälard selbst, wie er sich einen Verband nach dem anderen auflegte und dabei versuchte, trotz der johlenden Menge unter seinem Fenster und trotz der rasenden Schmerzen einen vernünftigen Gedanken zu fassen.

Eins war klar: In Paris bleiben konnte er nicht. Fortan zur Keuschheit verdammt, musste er dahin, wo Keuschheit nichts Lächerliches war, sondern im Gegenteil, eine ganz hohe Qualität, War es nicht das Beste für ihn, zum heiligen Bernhard in die Abtei Clairvaux zu ziehen?

Aber für dieses Teenager-Kloster war Professor Abälard einfach zu alt. Auch grauste ihm ein bisschen, unter uns gesagt, vor der Marien-Mystik in Clairvaux. Lieber ein eigenes Kloster gründen. Mit der Begründung, ihm bleibe im Leben nichts anderes mehr als die Freuden des Geistes, gründete Petrus Abälard die „Abtei zum Heiligen Geist". Um aber doch ein gutes Vorbild stets vor Augen zu haben, gründete er seine Abtei gar nicht so weit von der Abtei des heiligen Bernhard entfernt.

So saßen sie nun plötzlich nebeneinander in der Einöde: der größte Heilige und der größte Intellektuelle des 12. Jahrhunderts. Dass sie gleich miteinander Streit bekamen, lag am schlechten Charakter des Intellektuellen.

Die guten Vorsätze waren nämlich in der Abtei zum Heiligen Geist schnell vergessen. Das Kloster entwickelte sich zu einer Art Sommerschule der Universität Paris, zu der die fahrenden Schüler aus ganz Europa strömten, um sich die höchst ungewöhnlichen Ansichten anzuhören, die Abälard über die Allerheiligste Dreifaltigkeit zum Besten gab. Und es sei nicht verschwiegen, dass die meisten Studenten ihre Freundinnen mitbrachten in die romantische Abtei aufs Land. Was die „Freuden des Geistes" betrifft, denen sich Abälard in seiner Abtei widmen wollte, so schrieb er nun mit Vorliebe Gedichte, von denen ein Chronist sagt, dass sie „den Schülern und den Damen" sehr gefallen hätten. Wichtigster Zeitvertreib im Kloster zum Heiligen Geist aber wurde es, Witze zu reißen über den anders gearteten Betrieb im benachbarten Kloster des heiligen Bernhard.

Wie die Unkeuschheit, so unterliegt allerdings auch die Keuschheit einer gewissen eigengesetzlichen Dynamik. Nur mit Marienmystik waren die siebenhundert kahlgeschorenen Männer in der Abtei nebenan auf die Dauer nicht ganz beschäftigt. In Sankt Bernhards keuschem Superkloster kam der Gedanke an einen Kreuzzug auf.

Nun kann man einen Kreuzzug nicht einfach vom Zaun brechen. Man braucht dazu vielmehr eine Spezialerlaubnis vom Papst. Was lag näher, als erst einmal in der christlichen Nachbarschaft für etwas mehr Ordnung zu sorgen?

Zuerst erreichte es der heilige Bernhard, dass der Vatikan das unerträgliche Lästermaul Abälard zu einem lebenslangen Buß-Schweigen verurteilte. Als sich jedoch der Intellektuelle – wie zu erwarten – als unfähig erwies, sein dummes Maul zu halten, wurden ernstere Maßnahmen notwendig.

So ritt der heilige Bernhard auf das Konzil von Sens, um Professor Abälard der Ketzerei anzuklagen.

Diesmal verschlug es Abälard die Sprache. Er wagte es nicht, selbst nach Sens zu kommen, um sich gegen den lebensgefährlichen Vorwurf zu verteidigen. Aber die Kirchenversammlung war gar nicht so voreingenommen. Wollte man, fanden manche, jeden verbrennen, der Witze machte über die Keuschheit im Allgemeinen und über den heiligen Bernhard im Besonderen, so müsste man die halbe Christenheit verbrennen. Und so beschloss das Konzil, in einer Geste der Versöhnung, nicht Abälard selbst zu verbrennen, sondern nur seine Bücher.

Dieser faule Kompromiss brachte nun allerdings den heiligen Bernhard derart in Rage, dass er sein Schlachtross bestieg und mit gezogenem Schwert hinüberritt zur Abtei vom Heiligen Geist.

Jetzt beginnt eine abenteuerliche Verfolgungsjagd quer durch Frankreich und Burgund. Abälard flieht zu Fuß, weil er, seiner Verstümmelung wegen, nicht mehr reiten kann. Trotzdem holt ihn Bernhard von Clairvaux auch im Galopp nicht ein. Denn der Heilige ist ein bisschen dümmer als der Spötter und reitet deshalb ständig in die falsche Richtung.

Die irre Verfolgungsjagd endete in der Abtei Cluny. Dort fand Abälard Zuflucht. Nicht weil der Herrscher von Cluny, Abt Petrus der Ehrwürdige, Abälard sympathisch gefunden hätte – niemand findet einen Intellektuellen sympathisch –, sondern weil Petrus der Ehrwürdige gerade selber Streit

281

hatte mit dem heiligen Bernhard. Dabei ging es um etwas ungleich Wichtigeres als um das Leben eines Intellektuellen, nämlich um die Kirchensteuer. Nur um den heiligen Bernhard zu ärgern, nahm Petrus der Ehrwürdige den armen Abälard auf. Als Asylbewerber.

Zum Trost bekam der heilige Bernhard bald darauf vom Papst die langersehnte Spezialerlaubnis, in ganz Europa einen Kreuzzug zu predigen. Da er ihn zuerst in Frankreich predigte, dann in Deutschland, wird der heilige Bernhard heute, politically correct, als „Patron der deutsch-französischen Freundschaft", ja sogar als „Patron der europäischen Einigung" hoch gefeiert.

Nun bedarf es stets eines erheblichen Maßes an Tiefsinn und somit an Unsinn, um einen Menschen, der schon so lange tot ist wie der heilige Bernhard, als moralisches Exempel für eine ganz andere Zeit neu zu verstehen und zu feiern. Als Patron der deutsch-französischen Zusammenarbeit scheint mir der heilige Bernhard jedoch in ungewöhnlichem Maße missglückt. Von den über 100.000 Deutschen und Franzosen, die vereint seinem Aufruf zum Kreuzzug folgten, kamen nämlich kaum mehr als 5.000 lebendig aus dem Heiligen Land zurück. Zu den Überlebenden zählte übrigens auch der heilige Bernhard selbst. Allerdings aus einem besonderen Grund: Der Heilige war klug genug gewesen, an dem

Kreuzzug, den er angezettelt hatte, selbst nicht teilzunehmen.

Nein, wenn der heilige Bernhard eine aktuelle Bedeutung für unser Jahrhundert hat, dann als etwas ganz anderes. Bernhard von Clairvaux ist recht eigentlich der Patron der christlichen Humorlosigkeit.

Zugegeben, in den neuen Jahrhunderten hat sich manches verändert. Die Kirchen sind unvergleichbar offener und toleranter geworden für jene, die anders glauben, anders empfinden. Sogar die Marxisten werden nicht mehr verdammt, sondern aufgenommen ins evangelische Altersheim. Sogar die Homosexuellen werden nicht mehr verbrannt, sondern seelsorglich betreut. Nur einer einzigen Menschengruppe sind die Frommen heute noch genauso böse wie zur Zeit des heiligen Bernhard. Das sind die geistigen Söhne Abälards – jene, „die auf der Bank der Spötter sitzen".

Im Gegenteil, die Empfindlichkeit der Frommen gegen Spott, Ironie und Satire ist heute eher größer. Zur Zeit des heiligen Bernhard war nämlich Spott über die Kirche auch in der Kirche wenigstens zu gewissen Jahreszeiten erlaubt. Wie in Frankreich, so war es zum Beispiel auch in Köln zu Karneval üblich, einen Esel in den Dom zu führen, und zwar nicht hinten ins Schiff, sondern ganz vorn ins Allerheiligste. Als Zeichen seiner erzbischöflichen Würde wurde dort dem Esel die Mitra aufgesetzt, worauf ihm das christliche Volk mit den denkbar derbsten Späßen mitten in der Kirche die Reverenz erwies.

Versuche einmal einer heute im Kölner Dom einen solchen Spaß zu Karneval. Gleich würde dem beleidigten Klerus die Polizei zu Hilfe eilen, um das entweihte Gotteshaus zu räumen. Und das Kölner Landgericht spräche Höchststrafen aus wegen „Religionsbeschimpfung" gemäß Paragraph 166 Strafgesetzbuch.

Und wie ist es in anderen Religionen? Die schlimmsten Erfahrungen habe ich in Marrakesch gemacht, auf der berühmten Dachterrasse des „Hotel de France". Das war an einem romantischen Winterabend. Glutrot stand im Westen über Marrakesch der Mond. Plötzlich kam mir ein Gedanke. „Warum", fragte ich die Marokkaner, die schon seit Stunden mit mir am Tisch saßen und über Gott und die Welt schwatzten, „warum ist eigentlich der Mond das Symbol des Islam?"

Sekunden später rannte ich quer durch Marrakesch um mein Leben. Ich hatte nicht bedacht, dass das französische Wort „lune", anders als das deutsche Wort „Mond", einen ironischen Unterton hat. „Lunatique" heißt „verrückt".

In Marrakesch bin ich mit dem Leben davongekommen. Ich wage nicht, mir auszumalen, wie es mir in Kabul oder in Teheran ergangen wäre. Auch in Jerusalem habe ich mich stets gehütet, den berühmten jüdischen Humor zu testen. Wo man hinblickt, nach links und nach rechts, nach West und nach Ost, ist die Fähigkeit, fromm zu sein, identisch mit der Fähigkeit, beleidigt zu sein. Die Frage drängt sich auf, woher das kommt.

Der französische Philosoph Henri Bergson hat einmal die Auffassung vertreten, dass das gleichermaßen am Wesen des Lachens liege und am Wesen der Religion. Worüber lachen wir? Wir haben als Kinder in der Schule gelacht über die fixen Ideen oder ganz bestimmte fixe Gesten eines Lehrers. Wir lachen über Beamte, die ihre Arbeit steif, stur und unnötig kompliziert erledigen. Wir lachen über einen Onkel, der sich durch gekünstelte Allüren zu etwas Besonderem hochstelzt. Mit einem Wort, wir lachen über alles Steife, Verklemmte, Gestelzte und Erstarrte.

Gesund ist das Leben nur da, wo es selbstverständlich, ungezwungen, unkompliziert, spontan und immer neu aus sich selber fließt. Mit dem Lachen, so Henri Bergson, schützt sich das Leben vor seiner schlimmsten Erkrankung: vor der Erstarrung, vor Steifheit und Zwang. Eine so ausgezeichnete Medizin ist das Lachen, dass der selbstverständliche, zwanglose Fluss des Lebens sofort zu genesen beginnt, wenn wir einmal fähig sind, über eine Verklemmung zu lachen.

Das ist der präzise Grund, warum am meisten über jene Institutionen gelacht wird, die am meisten zur Erstarrung und Verklemmung neigen. Zum Beispiel gibt es unzählige Witze über das Militär. Aber was ist schon das Militär? Stärker noch neigt ein anderer Lebensbereich zur Erstarrung. Das ist die Religion. Von allen Institutionen wirkt keine so steif und verklemmt wie die Kirche. Deshalb hatten die großen Lacher der europäischen Geistesgeschichte, von Abälard bis Voltaire, alle für Religion eine Vorliebe wie Wespen für Marmelade. Deshalb fällt die Religion heute so leicht der vulgären Häme der Medien zum Opfer. Doch auch den gesunden, normalen und gelösten Menschen reizt nichts so zum Lachen wie die Religion.

Aber nehmen wir einmal an, dass in Rom Eugen Drewermann Papst würde. Dass also eine religiöse Reform käme, die radikal Schluss machen würde mit all den Verkrampfungen und Verklemmungen, an denen die kirchliche Moral und der religiöse Betrieb so augenfällig leiden. Was dann? Ich vermute allen Ernstes, dass selbst dann die Welt nicht aufhören würde, über die Religion zu lachen. Denn sie ist wesenhaft komisch.

Der Fremde ist komisch, sagt Henri Bergson in seiner Theorie des Lachens. Der Fremde hat ja Mühe, am zwanglosen Fluss des Lebens selbstverständlich teilzunehmen. Meist benimmt er sich unsicher oder linkisch, manchmal auch störend. Auf jeden Fall bricht sich der Fremde die Zunge. Zum

Beispiel weiß ich aus Erfahrung, dass man es in Bremen ein bisschen komisch findet, wenn ich im Radio zu hören bin. Ich spreche mit dem Tonfall, mit dem Akzent des Fremden, ich denke somit auch auf etwas fremde Art und bin ganz unvermeidlich komisch.

Der religiöse Mensch ist aber wesenhaft ein Fremder. „Wir haben auf Erden keine bleibende Stätte", sagt Paulus. Und Heinrich Böll hat einmal gesagt, dass nichts den religiösen Menschen so kennzeichnet wie das Gefühl, in dieser Welt nicht zu Hause zu sein. Deshalb wird die Welt über die Religion bis ans Ende der Zeit zu lachen haben. Weil Religion in ihrem innersten Kern weltfremd ist.

Tun die Frommen vielleicht deshalb alles, um die Spötter zum Schweigen zu bringen, weil sie selbst am peinlichsten spüren, wie tief dieser Spott trifft? In der christlichen Religionsgeschichte gibt es ein einziges klassisches Modell dafür, wie die Religion mit der ihr wesenseigenen Komik souverän umgehen könnte. Das ist nicht der heilige Bernhard, sondern der heilige Filippo Neri.

In einer ganz anderen Zeit, nämlich in dem verweltlichten Rom der Renaissance, war der heilige Philipp genau so inbrünstig fromm wie der heilige Bernhard in seiner mittelalterlichen Wildnis. Stärker noch als Bernhard von Clairvaux war Filippo Neri deshalb Gegenstand des allgemeinen

Gelächters seiner Zeitgenossen. Darüber war er aber, anders als Bernhard, überhaupt nicht beleidigt. Im Gegenteil, es machte ihm das größte Vergnügen, über sich selber mitzulachen. Selbst unter Papst Pius V., in den schlimmsten Jahren der römischen Inquisition, hat der heilige Philipp sich nicht gescheut, durch Rom zu ziehen mit einem religiösen Straßen-Kabarett, in dem er sich über den Vatikan genau so lustig machte wie über sich selbst. Filippo Neri, der Narr Gottes, Abälard und Bernhard in einer Person, das ist das einzige mir bekannte Modell einer Frömmigkeit, die sich ihrer eigenen Komik souverän bewusst ist.

Eine solche selbstironische Katholizität wäre heute für die Welt eine viel größere Herausforderung als alle jene Kreuzritterheere, an deren Spitze der heilige Bernhard unentwegt durch die Jahrhunderte galoppierte.